DK TOP**10**

AF196615

KAPSTADT

PHILIP BRIGGS

Highlights

Themen

Inhalt

Regionen

Reise-Infos

Die TOP**10**-Listen in diesem Buch sind nicht nach Rängen oder Qualität geordnet. Alle zehn Einträge sind in den Augen des Herausgebers von gleicher Bedeutung.

Umschlag Vorderseite & Buchrücken
Blick auf Kapstadt und den Tafelberg
Umschlag Rückseite, im Uhrzeigersinn von links oben Hütten am Muizenberg Beach, Tafelberg, Western Cape, Camps Bay, Rathaus
Titelseite Bergkette Twelve Apostles an der Camps Bay

Die Informationen in diesem TOP**10**-**Reiseführer werden regelmäßig aktualisiert.**

Angaben wie Telefonnummern, Öffnungszeiten, Adressen, Preise und Fahrpläne können sich jedoch ändern. Der Verlag kann für fehlerhafte oder veraltete Angaben nicht haftbar gemacht werden. Für Hinweise, Verbesserungsvorschläge und Korrekturen ist der Verlag dankbar. Bitte richten Sie Ihr Schreiben an:
Dorling Kindersley Verlag GmbH
Redaktion Reiseführer
Arnulfstraße 124 • 80636 München
reise@dk.com

Willkommen in
Kapstadt

Die malerisch zwischen der strahlend blauen Table Bay und dem imposanten Tafelberg gelegene Metropole Kapstadt zählt zu den schönsten Städten der Welt. Auch das Umland ist einzigartig. Die goldenen Strände, die urwüchsigen Wälder, die schroffen Berge und die sanften, von Wein bewachsenen Hügel – mit diesem Reiseführer lässt sich all das prima erkunden.

Für Outdoor-Freunde ist die Region ein wahres Paradies: Man kann auf den **Tafelberg** wandern, im **Kirstenbosch National Botanical Garden** picknicken, sich Ausrüstung leihen und surfen lernen oder beim Glas Wein in einem Straßencafé sitzen und den Passanten zusehen. Mit dem Auto ist man in einer Stunde in den Winelands, der **Weinregion** am Kap, wo viele Weingüter Verkostungen anbieten – in alten Herrenhäusern oder in modernen Designerbauten.

Essen und Trinken hat in Kapstadt ähnlich hohen Stellenwert wie die Schönheit der Natur – das ist bei kapmalaiischem *bobotie* und frittierten *koeksisters* in **Bo-Kaap** ebenso spürbar wie beim Feinschmeckermenü auf einem Weingut bei **Stellenbosch**. Festivals bereichern das Leben in der Kapregion, ein schönes Beispiel ist das »Zweite Neujahrsfest« **Kaapse Klopse** mit seiner schrillen Parade.

Ob Sie für ein Wochenende nach Kapstadt kommen oder länger bleiben: Unser TOP**10** präsentiert Ihnen die schönsten Plätze und die wichtigsten Sehenswürdigkeiten – von der **V&A Waterfront** mit ihren Cafés, Läden und Museen bis zu den windgepeitschten Buchten am **Cape of Good Hope**. Hinzu kommen nützliche Tipps, wie man Kapstadt zum Nulltarif genießt, wo man gut essen kann oder wo es die besten Strände gibt, sowie übersichtliche Routenvorschläge, die Sie in kurzer Zeit zu möglichst vielen Attraktionen führen. Schöne Fotos und detaillierte Karten komplettieren den handlichen und unverzichtbaren Reisebegleiter. **Genießen Sie das Buch, genießen Sie Kapstadt.**

Im Uhrzeigersinn von oben: Blick vom Tafelberg auf den Lion's Head, Brillenpinguin am Boulders Beach, Kapstadts V&A Waterfront, Weingut nahe Franschhoek, Königsprotea – die Nationalblume Südafrikas – im Kirstenbosch National Botanical Garden, Strandhütten am Muizenberg Beach, Wachen bei der »Schlüsselzeremonie« am Castle of Good Hope

Kapstadt entdecken

Kapstadt und Umgebung haben für jeden Typ von Reisenden etwas zu bieten – vom kernigen Wanderer bis zum anspruchsvollsten Feinschmecker. Hier finden Sie ein paar Tipps, um das Beste aus Ihrem Aufenthalt zu machen, ob nur für ein Wochenende oder für ausgiebige Touren durch die Metropolregion samt Umgebung.

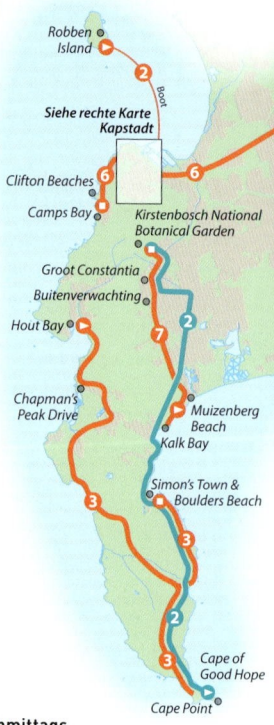

Am Tafelberg führt eine Seilbahn bis zum Aussichtspunkt mit fantastischem Blick.

Zwei Tage in Kapstadt

Tag ❶
Vormittags
Mit der Seilbahn geht es hinauf auf den **Tafelberg** *(siehe S. 22f)*, um den Ausblick zu bewundern.
Nachmittags
Schlendern Sie durch den **Company's Garden** *(siehe S. 12f)*, gehen Sie zur Iziko Slave Lodge und ins ergreifende **District Six Museum** *(siehe S. 18f)*. Der Tag endet mit Tee im **Belmond Mount Nelson Hotel** *(siehe S. 114)*.

Tag ❷
Vormittags
Starten Sie früh zu **Cape of Good Hope** *(siehe S. 32f)* und **Cape Point** und genießen Sie ein Picknick mit Ausblicken über die fantastische Landschaft. Dann geht es auf die schöne Fahrt nach **Simon's Town** *(siehe S. 30f)* und zur Pinguinkolonie.

Nachmittags
Auf **Groot Constantia** *(siehe S. 28f)* erwarten Sie Mittagessen und Weinverkostungen, dann lockt ein Bummel durch den **Kirstenbosch National Botanical Garden** *(siehe S. 26f)* mit Rast im Kirstenbosch Tea Room.

Sieben Tage in Kapstadt

Tag ❶
Der Tag beginnt mit einem Ausflug auf den **Tafelberg** *(siehe S. 22f)*. Dann können Sie in der trendigen **Bree Street** zu Mittag essen, am **Greenmarket Square** *(siehe S. 67)* stöbern und im **Green Point Urban Park** *(siehe S. 70)* entspannen.

Tag ❷
Der Besuch von **Robben Island** *(siehe S. 16f)* – Bootsfahrt und Führung – sollte vorher gebucht werden. An der

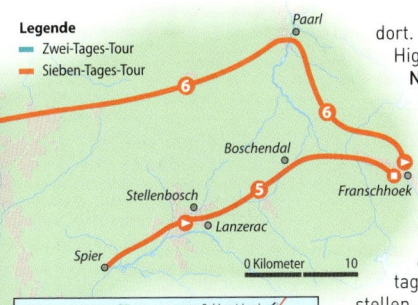

Legende
- Zwei-Tages-Tour
- Sieben-Tages-Tour

Paarl
Boschendal
Stellenbosch
Lanzerac
Spier
Franschhoek

0 Kilometer   10

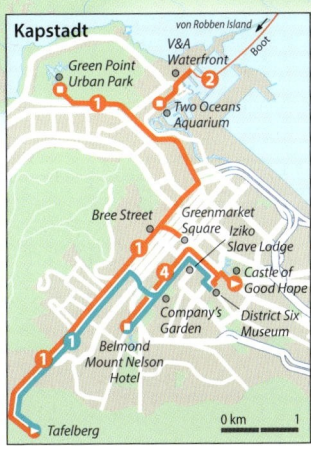

Kapstadt

von Robben Island
V&A Waterfront Boot
Green Point Urban Park
Two Oceans Aquarium
Bree Street
Greenmarket Square
Iziko Slave Lodge
Castle of Good Hope
Company's Garden
District Six Museum
Belmond Mount Nelson Hotel
Tafelberg

0 km   1

V&A Waterfront *(siehe S. 14f)* kann man gutes Seafood genießen, bevor man ins Aquarium geht, shoppt oder den Straßenkünstlern zusieht.

Tag ❸

Nach einem Frühstück in **Hout Bay** *(siehe S. 86)*, wo am Wochenende Markt ist, folgen Sie dem schönen **Chapman's Peak Drive** *(siehe S. 86)* und fahren weiter bis zum **Cape of Good Hope** *(siehe S. 32f)*. Der Nachmittag gehört den Brillenpinguinen von **Boulders Beach**. In **Simon's Town** *(siehe S. 30f)* warten Uferrestaurants.

Tag ❹

Erkunden Sie das **Castle of Good Hope** *(siehe S. 20f)*, Südafrikas ältesten Bau, und lernen Sie im **District Six Museum** *(siehe S. 18f)* etwas über die jüngere Geschichte. Ein Picknick im **Company's Garden** *(siehe S. 12f)* stärkt für den Besuch der Museen

dort. Danach gönnen Sie sich High Tea im **Belmond Mount Nelson Hotel** *(siehe S. 114)*.

Tag ❺

Heute geht die Reise nach **Stellenbosch** *(siehe S. 34f)* und zu Verkostungen auf Weingütern wie **Lanzerac** oder **Spier** *(siehe S. 92)*. Für ein Mittagessen sollten Sie vorbestellen. Wer nicht fahren muss, genießt in **Boschendal** *(siehe S. 92)* noch ein Glas Wein unter Bäumen, bevor es ins schöne **Franschhoek** *(siehe S. 36f)* geht, wo Galerien und Lokale die Hauptstraße säumen.

Tag ❻

Nach einem französischen Frühstück in Franschhoek fahren Sie nach **Paarl** *(siehe S. 92)* und besuchen das Künstlerdorf Spice Route, wo alle Köstlichkeiten noch von Hand gemacht sind. Auf dem Weg zurück nach Kapstadt locken **Camps Bay** und **Clifton Beaches** *(siehe S. 51)*.

Tag ❼

Lernen Sie surfen am **Muizenberg Beach** *(siehe S. 50)* oder bummeln Sie durch die Läden von **Kalk Bay** *(siehe S. 87)*. Essen Sie auf einem der Weingüter von Constantia zu Mittag und besuchen Sie **Groot Constantia** *(siehe S. 28f)* oder **Buitenverwachting** *(siehe S. 80)* für eine Verkostung. Ein Spaziergang im schönen **Kirstenbosch National Botanical Garden** *(siehe S. 26f)* beendet den Tag.

Das altehrwürdige Stellenbosch gilt als Hauptstadt der schönen Winelands.

Highlights

Blick von Cape Point auf die Spitze des Cape of Good Hope

🔟 Highlights

Kapstadt besticht durch seine traumhafte Lage zwischen Tafelberg und azurblauem Atlantik. In mediterranem Klima locken Geschichtsreichtum, schöne Kolonialarchitektur und kulturelle Vielfalt. Die Kap-Halbinsel hat schöne Strände zu bieten und – nicht zuletzt – lohnen die Winelands ausgiebige Erkundung.

1 Company's Garden
Der 1652 von den ersten niederländischen Siedlern angelegte Park beherbergt verschiedene Museen und Galerien *(siehe S. 12f)*.

2 V&A Waterfront & Robben Island
Das lebhafte Uferareal bietet Läden, Cafés und Bars und ist Ausgangspunkt für Ausflüge nach Robben Island *(siehe S. 14–17)*.

3 District Six Museum
Die Dokumentation der Vertreibung von »nicht weißen« Einwohnern aus dem zentralen Stadtteil District Six in die abgelegenen Cape Flats ist überaus bewegend *(siehe S. 18f)*.

4 Castle of Good Hope
Die Festung – der älteste erhaltene Bau Südafrikas – beherbergt zwei Museen. Von der Mauer blickt man auf die Grand Parade – den Platz, auf dem Nelson Mandela 1990 nach seiner Haftentlassung begeistert gefeiert wurde *(siehe S. 20f)*.

5 Tafelberg
Während der atemberaubenden Seilbahnfahrt auf den imposanten Berg bieten sich wunderbare Ausblicke über Kap-Halbinsel und Weinregion *(siehe S. 22f)*.

6 Kirstenbosch National Botanical Garden

Die Flora der Kapregion, um deren Schutz sich der Park bemüht, ist rund ums Jahr reizvoll – besonders schön ist die Wildblumenblüte im Frühjahr *(siehe S. 26f)*.

7 Groot Constantia

Das älteste Weingut Südafrikas ist berühmt für seine kapholländische Kolonialarchitektur – von grünen Weinbergen umgeben *(siehe S. 28f)*.

8 Simon's Town & Boulders Beach

In der verschlafenen Hafenstadt säumen herrliche viktorianische Fassaden die malerische False Bay. Die Kolonie von Brillenpinguinen am nahen Boulders Beach ist eine beliebte Besucherattraktion *(siehe S. 30f)*.

9 Cape of Good Hope

Im Süden der Halbinsel trifft man auf grasende Antilopen, freche Paviane und rosa blühende Proteas. Vom Leuchtturm auf der Felsspitze hat man besonders spektakuläre Aussicht auf Cape Point *(siehe S. 32f)*.

10 Stellenbosch

Die zweitälteste Stadt Südafrikas präsentiert eindrucksvolle kapholländische Bauten und ist der perfekte Ausgangspunkt für die Erkundung der vielen renommierten Weingüter in der Kapregion *(siehe S. 34f)*.

TOP 10 ⭐ Company's Garden

Die Wege und Grünflächen dieser Oase im Stadtzentrum – mit herrlichem Blick auf den Tafelberg – säumen die bedeutendsten historischen Gebäude und Museen Kapstadts. Der Koloniegründer Jan van Riebeeck ließ den Garten 1652 anlegen, um niederländische Schiffe mit frischem Gemüse zu versorgen. Im 18. Jahrhundert wurde aus dem Nutzgarten ein weltbekannter botanischer Garten, der Europa mit Pflanzen versorgte.

1 Parlament & Tuynhuys

Im Nordosten des Parks stehen die klassizistischen Gebäude des Parlaments und das Tuynhuys (oben), Kapstädter Amtssitz des südafrikanischen Präsidenten.

2 Rosengarten

Die verschiedenen Rosenarten des Gartens (unten) – wo die Reben für den ersten Wein des Kaps wuchsen und die Niederländer Rosenwasser herstellten – sind kreisförmig gepflanzt.

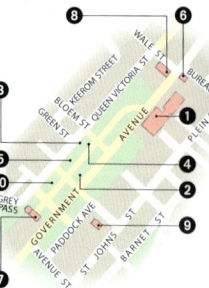

3 The Company's Garden Restaurant

Mit seinen Tischen im Freien und den kleinen »Nestern«, in denen man sitzen oder schaukeln kann, ist das Restaurant der perfekte Ort für ein leichtes Mittagessen oder eine Kaffeepause.

4 Vogelvoliere & Slave Bell

In der Voliere gegenüber dem Company's Garden Restaurant leben viele heimische Vögel. Die sogenannte Slave Bell ist eine Feuerglocke vom Greenmarket Square.

5 VOC Vegetable Garden

Der nach historischem Vorbild angelegte Gemüsegarten erinnert an die Ursprünge des Parks, weist aber auch auf den heutigen Bedarf hin.

6 Iziko Slave Lodge

Der stattliche Bau von 1679 war einst eine Massenunterkunft für Sklaven und birgt nun ein Museum zur Geschichte des Sklavenhandels.

7 Iziko South African Museum

In der Villa (19. Jh.) werden naturkundliche Exponate, Felszeichnungen und prähistorische Artefakte gezeigt. Das Iziko Planetarium *(siehe S. 70)* steht gleich daneben.

8 St George's Cathedral

Das anglikanische Gotteshaus *(rechts)* war in den 1980er Jahren ein Zentrum politischer Proteste. Ältester Teil ist die von Sir Herbert Baker gestaltete Krypta.

9 Iziko South African National Gallery

45 Gemälde aus einem Nachlass waren 1871 Basis für eines der führenden Kunstmuseen des Landes, das afrikanische und europäische Kunst sowie Wechselausstellungen zeigt.

Erzbischof Desmond Tutu

Desmond Tutu, der erste schwarze Erzbischof von Kapstadt, war Bischof der St George's Cathedral. In seiner Amtszeit war die Kirche ein wichtiges Zentrum der Anti-Apartheid-Bewegung. Nach Ende der Apartheid leitete der Friedensnobelpreisträger (1984) die Wahrheits- und Versöhnungskommission (1995 – 2002).

10 Delville Wood Memorial

Das 1930 enthüllte Denkmal des britischen Architekten Sir Herbert Baker mit Skulpturen von Alfred Turner *(unten)* erinnert an die im Ersten Weltkrieg im Wald von Delville gefallenen südafrikanischen Soldaten.

Infobox

Karte P5 ▪ Queen Victoria Street & Adderley Street

The Company's Garden Restaurant:
15 Queen Victoria St
▪ +27 21 423 2919
▪ tägl. 8 – 17 Uhr

Iziko Slave Lodge:
Adderley Street ▪ +27 21 467 7229 ▪ Mo – Sa 9 – 17 Uhr ▪ Eintritt 60 R
▪ www.iziko.org.za

Iziko South African Museum:
25 Queen Victoria St
▪ +27 21 481 3800
▪ tägl. 9 – 17 Uhr ▪ Eintritt 60 R ▪ www.iziko.org.za

Iziko South African National Gallery:
Government Avenue
▪ +27 21 481 3970
▪ tägl. 9 – 17 Uhr ▪ Eintritt 40 R, Kinder (6 – 18 Jahre) 20 R ▪ www.iziko.org.za

TOP10 ⭐ V&A Waterfront

Die vom glitzernden Atlantik und dem Tafelberg flankierte Victoria & Alfred Waterfront ist integraler Bestandteil des modernen Kapstadt. Der 1992 eröffnete Komplex trug sehr zum wirtschaftlichen Aufschwung des seit den 1960er Jahren strukturschwachen Hafenviertels bei. Der Hafen ist heute noch in Betrieb. Die V&A Waterfront gilt als Südafrikas beliebteste Besucherattraktion – mit vielen Läden, Restaurants und Freizeitangeboten wie der Tour nach Robben Island.

① Two Oceans Aquarium

Hauptattraktionen des Aquariums *(oben)* sind der Kelpwald, die Raubfische und die Felsen- und Brillenpinguine – vor allem zur Fütterung.

② Hafenrundfahrten

An Quay 5 *(rechts)* reihen sich Anbieter von Bootsrundfahrten, Touren zu den Seebären oder Sonnenuntergangsfahrten durch die Table Bay.

Geschichte des Hafenviertels

Kapstadts Hafenviertel entwickelte sich im Lauf des 19. Jahrhunderts. 1860 stieß Prinz Alfred, Sohn von Queen Victoria, einen Stapel Steine ins Meer und initiierte damit den Bau des Alfred Basin. Trotz umfangreicher Erweiterungen über die Jahre sind noch einige viktorianische Bauwerke an der Waterfront erhalten – z. B. die Ferrymans Tavern, Mitchell's Scottish Ale House und die Breakwater Lodge.

③ Alfred Mall

An den Tischen der Bars und Cafés vor dem umgebauten edwardianischen Lagerhaus kann man bei kühlen Drinks entspannt den tollen Blick über den Hafen auf den Tafelberg genießen.

④ Cape Town Helicopters

Bei Rundflügen mit Cape Town Helicopters genießt man einen wunderschönen Panoramablick über die Stadt und ihre Umgebung.

⑤ Drehbrücke & Clock Tower

Den schönen viktorianischen Uhrturm von 1882 *(rechts)* erreicht man über eine moderne Drehbrücke, die geschwenkt wird, wenn Schiffe den Kanal passieren möchten.

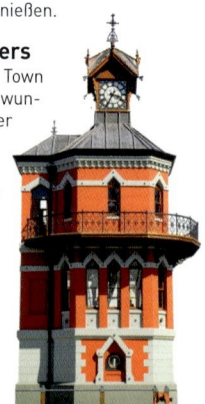

Infobox

Karte P1/2 – Q1/2 ■ www.waterfront.co.za

■ Information Centre: Dock Road (neben Ferrymans Tavern) ■ +27 21 408 7600 ■ tägl. 9 – 17 Uhr (Okt – Apr: bis 18 Uhr)

Cape Town Helicopters: 220 East Pier ■ +27 21 418 9462 ■ www.helicopters capetown.co.za

Two Oceans Aquarium: Dock Road ■ +27 21 418 3823 ■ Mo – Fr 9.30 – 18, Sa, Sa 9 – 18 Uhr ■ Eintritt 235 R, Kinder (4 – 13/14 – 17 Jahre) 110/175 R ■ www. aquarium.co.za

Zeitz MOCAA: Silo District ■ +27 87 350 4777 ■ Di – So 10 – 18 Uhr ■ Eintritt 230 R, unter 18 Jahren frei ■ www.zeitzmocaa. museum

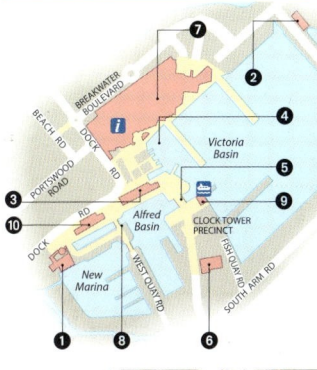

⑥ Zeitz MOCAA

Das Zeitz Museum of Contemporary Art Africa ist in einem historischen Getreidesilo untergebracht. Es ist das weltweit größte Museum für afrikanische Kunst aus dem 21. Jahrhundert.

⑦ Victoria Wharf Shopping Centre

In einer von Südafrikas größten Malls bieten viele Restaurants sowie das Kino Ster-Kinekor Stärkung und Entspannung.

⑧ Nobel Square

Neben Noria Mabasas faszinierender Skulptur nach Art der Makonde stehen lebensgroße Statuen von vier Friedensnobelpreisträgern: Albert Luthuli, Desmond Tutu, Frederik Willem de Klerk und Nelson Mandela.

⑨ Nelson Mandela Gateway

An der Anlegestelle für Tagesausflüge nach Robben Island dokumentieren Multimedia-Ausstellungen die Geschichte der Insel.

⑩ The Watershed

In Südafrikas größtem überdachten Handwerksmarkt *(oben)* bieten gut 150 Stände alles von afrikanischen Perlenarbeiten über ganzheitliche Wellnessbehandlungen bis zu Tarot-Sitzungen.

TOP 10 ⭐ Robben Island

Die Insel in der Table Bay, Südafrikas Alcatraz, diente seit Jan van Riebeecks Tagen als Verbannungsort. Der erste politische Gefangene, der aufständische Kaufmann Autshumatom, wurde 1658 hergebracht. Bekannt ist Robben Island vor allem durch die Rolle in der Apartheid, als Nelson Mandela, Walter Sisulu, Govan Mbeki (Vater von Thabo Mbeki) und Jacob Zuma hier inhaftiert waren. 1996 verließ der letzte Gefangene die Insel, die heute nur noch Museum ist.

Hochsicherheitstrakt ①
Die von einstigen Häftlingen geleitete Führung durch den Trakt *(rechts)* ist düsterer Höhepunkt des Besuchs der Insel. Sie erlaubt einen Blick in Mandelas Zelle und auf Fotos aus jener Zeit.

② Murray's Bay Harbour
Robben Islands kleiner Hafen beheimatet eine Brutkolonie der Brillenpinguine *(oben)*. Auf der Insel leben rund 130 Vogelarten, darunter auch eine große Zahl Schwarzer Austernfischer.

③ Jan-van-Riebeeck-Steinbruch
Jan van Riebeeck ließ in dem 1963 geschlossenen Steinbruch im Süden der Insel Blauschiefer abbauen, den man u. a. für den Bau des Castle of Good Hope nutzte.

④ Siedlung
Wo einst das Gefängnispersonal wohnte, finden sich heute Unterkünfte für die Museumsangestellten. Es gibt hier zwei alte Kirchen: die Garisson Church von 1841 und die Church of the Good Shepherd von 1895.

⑤ Friedhof der Leprakranken
Von 1846 bis 1930 diente die Insel als Leprakolonie. Der Friedhof *(links)*, den man auf der Bustour erspäht, ist Zeugnis dieser Zeit.

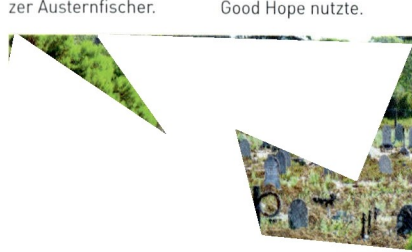

6 Leuchtturm

1865 baute man auf dem Minto Hill, dem höchsten Punkt der Insel, diesen Leuchtturm *(links)*, um die bis dahin gebräuchlichen Signalfeuer zu ersetzen.

7 Überfahrt

Die 30-minütige Fahrt von der V&A Waterfront ist an windstillen klaren Tagen besonders schön. Der Blick über die Table Bay ist fantastisch, auch Delfine und Robben sind zu sehen.

8 Kramat von Tuan Guru

Der Schrein Tuan Gurus ist ein Halt auf der Bustour über die Insel. Der islamische Geistliche war im 18. Jahrhundert hier interniert.

9 Robert-Sobukwe-Haus

In diesem tristen Bau saß Robert Sobukwe, der erste Präsident des Pan African Congress, sechs Jahre lang – von 1963 bis 1969 – in Einzelhaft.

10 Kalksteinbruch

Die Gefangenen – auch Mandela – leisteten Schwerstarbeit in dem Steinbruch. 1990 errichteten einstige Häftlinge einen Malhügel *(rechts)*.

Nelson Mandela

Der 1918 geborene Sohn der Mandelas erhielt als erster der Familie eine schulische Ausbildung. Als Nelson Mandela 1944 gemeinsam mit Oliver Tambo und Walter Sisulu die African National Congress (ANC) Youth League gründete, begann seine politische Karriere. Eine 1956 gegen ihn erhobene Klage wegen Hochverrats wurde nach vier Jahren verworfen; 1964 wurde er dennoch wegen Hochverrats gefangen genommen und auf Robben Island inhaftiert. 1990 kam Mandela frei, 1993 erhielt er den Friedensnobelpreis. Nelson Mandela war von 1994 bis 1999 Präsident von Südafrika. Er starb 2013 im Alter von 95 Jahren.

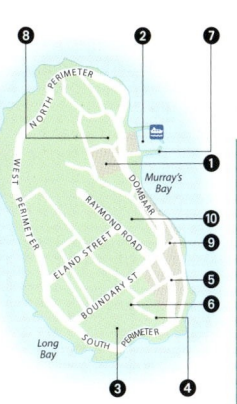

Infobox

Karte A2 ■ +27 21 413 4200 ■ www.robben-island.org.za

■ Touren (ab Nelson Mandela Gateway, V&A Waterfront): tägl. 9, 11, 13 & 15 Uhr; Dauer 3½ – 4 Std.

■ Tickets 600 R, Kinder (unter 18 Jahren) 310 R

■ Die Touren sind wetterabhängig, die Zeiten nicht verbindlich.

■ Buchen Sie online und kommen Sie 30 Minuten vor Abfahrt zum Anleger, um die dortige Ausstellung besuchen zu können.

■ Es gibt auf der Insel kein Lokal, doch der Andenkenladen führt Erfrischungen.

🔟 ⭐ District Six Museum

Das 1994 eröffnete, preisgekrönte Gemeindemuseum gründet auf Gegenständen, Fotografien und Erinnerungsstücken der zwangsenteigneten Bewohner des Bezirks. Die Exponate erwecken das ursprüngliche, von Menschen unterschiedlichster Kulturen bevölkerte Viertel zum Leben, das zur Zeit der Apartheid durch den Group Areas Act zum »weißen Wohngebiet« umfunktioniert wurde. Das wohl bewegendste von Kapstadts vielen Museen zeigt die schrecklichen Auswirkungen der von der Regierung propagierten Rassentrennung auf die Menschen.

① Little Wonder Store

Der kleine Buchladen *(oben)* führt eine große Auswahl an Literatur über District Six und die vielen weiteren Zwangsumsiedlungen, die während der Apartheid angeordnet wurden.

② Methodistenkirche

Die Buitenkant Methodist Church blieb stehen, als man 1966 den Großteil des Viertels abriss. Sie wurde für ehemalige Bewohner zum Ort der Einkehr – und 1994 als würdige Museumsstätte auserkoren.

③ Friseurladen

Der nostalgische Laden aus den 1950er Jahren ist eine hübsch gemachte Rekonstruktion – samt den Werbetafeln aus jener Zeit, die seine Wände zieren.

④ Nomvuyos Zimmer

Das Zimmer, das der Autorin Nomvuyo Ngcelwane samt ihren Eltern und drei Geschwistern vor der Vertreibung als Wohnung diente *(rechts)*, wurde rekonstruiert.

⑤ Bloemhof-Wohnungen

Die berührende Ausstellung präsentiert Fotos der mehrere Blocks umfassenden Wohnanlage, die einst am schäbigen Wells Square entstanden war. Ihre Fußballmannschaft war berühmt!

Zerstörung von District Six

Kapstadts sechster Bezirk entstand 1867 am Fuß des Devil's Peak. Die Bewohner waren Einwanderer, freigelassene Sklaven, Künstler und Arbeiter verschiedenster Hautfarben. 1901 wurden schwarze Bewohner erstmals von der Polizei vertrieben, 1967 60 000 Menschen in die Cape Flats umgesiedelt. 2004 händigte Nelson Mandela selbst den ersten Rückkehrern die Wohnungsschlüssel aus.

Wandtafeln »Formation, Resistance, Restitution« ⑥

Drei Wandtafeln *(rechts)* voller Bilder, Tatsachenberichte und Interviews mit einstigen Bewohnern dokumentieren die Geschichte des District Six seit seiner Gründung im Jahr 1867.

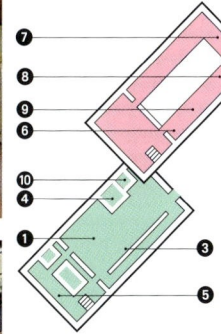

Legende
🟩 Erdgeschoss
🟥 Erster Stock

Klangkuppeln ⑧
Wer sich auf die im Boden eingezeichneten Fußabdrücke vor der vorderen Wand im ersten Stock stellt, kann zehn verschiedenen von ehemaligen Bewohnern des District Six erzählten Geschichten lauschen.

Ehrung des Langarm-Jazz ⑨
Körnige Fotografien, zeitgenössische Tonaufnahmen und Schellackplatten von Swingbands stellen den spezifisch südafrikanischen Jazzstil des »South African Langarm« vor, wie er in den 1930er bis 1950er Jahren im District Six gespielt wurde.

Geschichten der Horstley Street ⑩
Um die verschiedenen Geschichten der Horstley Street am Leben zu erhalten, haben Anwohner ihre Erinnerungen auf den Mosaik- und Betonboden geschrieben.

Handgemalter Stadtplan ⑦
Der riesige Stadtplan auf dem Boden des Hauptsaals *(oben)* zeigt District Six vor seiner Zerstörung. Ehemalige Bewohner trugen hier den Standort ihrer einstigen Häuser ein.

Infobox

Karte Q5 ■ 25a Buitenkant St ■ +27 21 466 7200
■ www.districtsix.co.za
■ Mo – Sa 9 –16 Uhr
■ Eintritt 50 R, Kinder (unter 16 Jahren) 20 R
■ Führung durchs Viertel: Mo – Fr 9.30, 10.30, 11.30 & 13.30 Uhr; 120 R (inkl. Eintritt)

■ Viele der Führungen beginnen im Museum, aber für den genaueren Blick auf die ergreifende Ausstellung sollten Sie die noch einmal unabhängig besuchen.

■ Das Museumscafé serviert Snacks und süßes Gebäck wie *koeksisters*, aber auch kapmalaiische Gerichte wie *bobotie, tamatiebredie* und Chicken Curry.

🔟 ⭐ Castle of Good Hope

Die 1666–79 erbaute Festung ist die älteste Anlage dieser Art in Südafrika. Für den fünfeckigen Bau nutzte man Schiefer von Robben Island und Sandstein vom Lion's Head. Die Burg stand einst direkt an der Table Bay und sollte die wachsende niederländische Siedlung vor Angriffen vom Meer her schützen; nach Landgewinnungsmaßnahmen ist das Ufer nun einen Kilometer entfernt. Das Castle of Good Hope bewahrt ein einzigartiges kulturelles und militärisches Erbe. Nach umfangreicher Renovierung beherbergt es zwei Museen und Wechselausstellungen.

1 Gouverneurs- & Secunde-Quartiere

Die Quartiere sind Teil der zwölf Meter hohen inneren Mauer, die den Hof teilt. Der kommandierende Offizier Simon van der Stel ließ sie in den 1690er Jahren für sich und seine Stellvertreter *(secunde)* erbauen.

2 Haupttor

Das 1683 erbaute Tor zieren ein Glockenturm aus importiertem gelben *ystelsteen* und Steinmetzarbeiten, die einen Löwen mit sieben, die Provinzen der Niederlande repräsentierenden Pfeilen zeigen. Wochentags findet hier die sogenannte Schlüsselzeremonie statt, bei der das Burgportal symbolisch aufgesperrt wird.

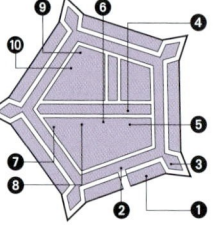

3 De-Kat-Balkon

In der Zeit der niederländischen Kolonie wurden von dem kunstvollen Balkon *(oben)*, den ein Basrelief von Anton Anreith schmückt, sowohl Besucher begrüßt als auch Urteile verlesen.

4 William-Fehr-Sammlung

Die vom Geschäftsmann Dr. William Fehr (1892–1968) gestiftete Sammlung umfasst Gemälde von Thomas Baines und eine Reihe anderer Werke, die das Leben der ersten Siedler illustrieren.

5 Bogengang & Alter Brunnen

Den inneren Bogengang *(links)* flankieren der abgedeckte Brunnen, der die Burg mit Wasser versorgte, und ein Denkmal für die Gefallenen des Ersten Weltkriegs.

6 Ausstellung »Fired«

Die Ausstellung beinhaltet eine seltene Sammlung afrikanischer Tonwaren samt einem der berühmten, um das Jahr 500 entstandenen »Lydenburg-Köpfe«.

7 Block B

Der älteste Teil der Festung liegt rechts vom Haupttor und stammt aus den 1660er Jahren. Eine Treppe führt auf die grasbewachsene Bastion mit Blick auf die Grand Parade.

8 Verlies & Folterkammer

Hier wurde Gefangenen ein Geständnis entlockt, da das niederländische Gesetz zur Verurteilung ein solches erforderte.

Kapstadts Rathaus

Bis zur Grundsteinlegung 1905 an der Grand Parade gegenüber der Festung gab es in Kapstadt kein Rathaus. Die Fassade zeigt den Stil der Renaissance, das opulente Interieur umfasst Marmortreppen und ein König Edward VII. gewidmetes Buntglasfenster. Nelson Mandela hielt vom Balkon des Rathauses seine erste öffentliche Rede nach der Haftentlassung.

9 Militärmuseum

Die Exponate *(links)* dokumentieren die Militärgeschichte des Kaps – von Dias' Kampf mit den Einheimischen 1488 *(siehe S. 40)* bis zum Zweiten Burenkrieg (1899–1902).

10 Leeuhek & Burggraben

Besucher überqueren eine Brücke über den Burggraben *(oben)*, um zum Haupttor zu gelangen. Zwei eindrucksvolle Löwenskulpturen krönen das Leeuhek (»Löwentor«) genannte Wachttor von 1720.

Infobox

Karte Q5 ■ Darling Street Ecke Castle Street ■ +27 21 787 1200 ■ www.castleofgoodhope.co.za

■ tägl. 9–16 Uhr; kostenlose Führungen: Mo–Sa 11, 12, 14, 15 & 16 Uhr

■ Eintritt 50 R, Kinder (5–17 Jahre) 25 R

■ Montags bis freitags kann man um 10 Uhr am Haupttor der Schlüsselzeremonie beiwohnen. Um 12 Uhr wird dort eine kleine Kanone abgefeuert, samstags auch um 11 Uhr.

■ Innerhalb der Anlage findet sich links vom Haupteingang das Restaurant Re5 (tägl. 9–16 Uhr), das preiswerte Snacks und kleine Gerichte mit kapmalaiischem Touch serviert. Bei schönem Wetter kann man auch im Freien unter den Kolonnaden sitzen.

🔟⭐ Tafelberg

Südafrikas bekanntestes geografisches Wahrzeichen dominiert Kapstadts Silhouette aus nahezu jedem Blickwinkel. Das flache (namensgebende) Sandsteinplateau in 1087 Meter Höhe umhüllt zuweilen eine Wolkendecke, die hier als »Tischtuch« bezeichnet wird. Die meisten Besucher erreichen die Spitze des Tafelbergs mit der 1929 eröffneten Seilbahn, die schon gut 27 Millionen Fahrgäste beförderte. Sie alle lockt die Aussicht, die Kapstadt und die Halbinsel in ganzer Pracht präsentiert.

2 Abseil Africa

Die 112 Meter lange Abseilstrecke, die an einem Felsvorsprung über der Camps Bay beginnt, lockt die Abenteuerlustigen *(siehe S. 53)*.

3 Platteklip Gorge Trail

Wer den Tafelberg zu Fuß bezwingen möchte, folgt der – ziemlich anspruchsvollen – Route zwischen Maclear's Beacon und Tafelberg Road.

1 Seilbahn

Die kleinen runden Kabinen bieten Rundumsicht auf Kapstadt und Table Bay – unterstützt durch den sich langsam drehenden Boden. Die Fahrt dauert fünf Minuten. Nahe der Gipfelstation schweben die Gondeln nur Zentimeter an der Felswand vorbei.

Blick von Robben Island auf den Tafelberg

4 Klippschliefer & andere Tiere

Auf dem Plateau sonnen sich gern Klippschliefer, die ein wenig an Meerschweinchen erinnern, aber auch Klippspringer und bunte Agamen sind hier zu sehen.

Tipps für Wanderer

Auf den Berg führen gut markierte Wanderwege mit unterschiedlichen Schwierigkeitsgraden – alle erfordern Wanderschuhe. Erkundigen Sie sich vor dem Aufstieg an der Seilbahnstation nach den Bedingungen – das Wetter kann sich schnell ändern. Wandern Sie nicht bei Wind oder an diesigen Tagen – es geht doch vor allem um die Aussicht.

---

5 Aussichtsplattform

Beim Verlassen der Seilbahnstation erblickt man den Signal Hill, Robben Island unten in der Table Bay und die Hottentots-Holland-Bergkette am östlichen Horizont.

6 Fynbos-Landschaft

Für Besucher wohl ungewohnt ist die Fynbos-vegetation (oben), die sich beim Blick über das Sand-steinplateau des Tafelbergs offenbart. In der heide-krautartigen Bodenbedeckung setzen Silberbäume, rosarote Proteas und diverse Orchideen Akzente.

8 Maclear's Beacon

Den höchsten Punkt des Tafelbergs markiert seit 1865 ein Steinhügel (links). Er ist ein beliebtes Wanderziel; der Aufstieg ist anspruchsvoll, aber landschaftlich sehr reizvoll.

7 Dassie Trail, Agama Trail & Klipspringer Trail

Auf den drei gepflasterten Rundwegen trifft man nicht auf Wildtiere, aber sie bieten fantastische Ausblicke und sind rollstuhltauglich.

9 Vogelwelt

Der Fynbos zieht Protea- und Nektarvögel an, außerdem schauen Rotdrosseln und Steinschmätzer am Gipfel vorbei, aber auch Segler, Malaienadler und Turmfalken sind zu sehen.

10 Aussichtspunkt Sign 15

Von Sign 15 blickt man herrlich weit über die Bergrücken der Kap-Halbinsel. Zwischen den Hügeln sind Simon's Town und Kommetjie zu erspähen.

Infobox

Karte H1

Seilbahn: Tafelberg Road
▪ +27 21 424 0015
▪ www.tablemountain.net

▪ tägl. alle 10–15 Min. (Feb–Apr: 8–18.30 Uhr; Mai–Aug: 8.30–16 Uhr; Sep–Mitte Dez: 8.30–18 Uhr; Mitte Dez–Jan: 8–20 Uhr; letzte Talfahrt jeweils 1 Std. später)

▪ vor 13 Uhr: einfache Fahrt 220 R, Kinder (4–17 Jahre) 120 R; inkl. Rückfahrt 395 R, Kinder 195 R;
ab 13 Uhr: einfache Fahrt 220 R, Kinder (4–17 Jahre) 120 R; inkl. Rückfahrt 340 R, Kinder 170 R.

▪ Wer online bucht, umgeht die Warteschlangen.

▪ Die Seilbahn fährt nicht bei Nebel oder wolkenverhangenem Gipfel.

TOP 10 ⭐ Kirstenbosch National Botanical Garden

Einer der bedeutendsten botanischen Gärten der Welt liegt an der Ostflanke des Tafelbergs. Er wurde 1913 zum Schutz der Pflanzenvielfalt in der westlichen Kapregion gegründet. In den unteren Bereichen wächst üppige heimische Flora, die höheren Lagen dominieren Fynbosvegetation und Wälder. Durch den Garten führt ein Netz von Pfaden. Besonders farbenprächtig zeigt sich die Blütenpracht zwischen August und Oktober.

Fynbos-Pfad ❶
Der Fußweg führt durch eine für das Kap typische farbenprächtige Fynbos-Landschaft. Die Proteas, die hier gedeihen, locken zur Blütezeit in Winter und Frühjahr den langschwänzigen Kaphonigfresser an.

❷ Visitors' Centre
Im Besucherzentrum am Eingangstor ist ein Plan des Gartens zu haben. Es gibt auch einen Gift Shop *(oben)*, ein Café und einen Buchladen mit Literatur über Südafrikas Flora und Fauna.

❸ Mathew's Rockery
Der verschlungene Steingarten, der auch gewaltige Wolfsmilchgewächse birgt, ist vor allem im Winter reizvoll, wenn die Blüten der Aloen Nektarvögel anlocken.

❹ Baumwipfelpfad
Der zum 100. Geburtstag des Gartens angelegte Pfad, der sich durch die Baumwipfel des Arboretums windet, erlaubt traumhafte Blicke auf den Tafelberg.

❺ Gewächshaus
Unter dem Glasdach gedeihen diverse südafrikanische Wüstenpflanzen. In der Mitte erhebt sich ein mächtiger Afrikanischer Affenbrotbaum *(baobab)*, wie er z. B. für die Kalahari typisch ist.

Vorhergehende Doppelseite Bergstation der Seilbahn auf dem Tafelberg

Skulpturen-garten (6)

Den weitläufigen Garten in der östlichen Ecke der Kirstenbosch-Anlage schmücken Steinskulpturen *(rechts)*, die verschiedene Künstler im Stil des in Simbabwe beheimateten Shona-Volks gestaltet haben. Einige der schönen Werke stehen zum Verkauf.

(8) Van Riebeecks Mandelhecke

Die dichte Hecke aus heimischen Mandelbäumen pflanzte Jan van Riebeeck 1660, um die Grenze der jungen Kapkolonie zu markieren. Die Früchte der Hecke sind giftig.

(9) Nutzpflanzen

In dem gut beschilderten Garten *(unten)* gedeihen Heilpflanzen, die zur Behandlung der verschiedensten Beschwerden dienen – von Kopfschmerzen bis zu Sekundärsymptomen von Aids.

Fauna im Botanischen Garten

Kirstenbosch ist primär für Pflanzen bekannt, doch der große Botanische Garten beheimatet auch rund 200 Arten von Wirbeltieren. Zu den hier lebenden Vögeln zählen der Kaphonigfresser, der Miombonektarvogel, die imposanten, in den Felsen des Tafelbergs brütenden Steppenbussarde sowie die an Rebhühner erinnernden Frankoline. Auch Klippschliefer, Mangusten und drei nur am Tafelberg heimische Froscharten leben in diesem Gebiet.

(10) Vlei

Besucher können das von Schilf gesäumte Sumpfgebiet auf einem Bohlenweg durchschreiten. Das Areal wird nicht nur von vielen Vogelarten bevölkert, man trifft hier auch auf Karakale, Kap-Greisböcke und Mangusten.

(7) Farngarten & Tal

Große Bäume, ein Bach, ein Teich und ein 150 bis 200 Millionen Jahre altes natürliches Amphitheater voller Palmfarn zieren den Gartenbereich.

Infobox

Karte H2 ▪ Rhodes Drive, Newlands ▪ +27 21 799 8783 ▪ www.sanbi.org/gardens/kirstenbosch

▪ Apr – Aug: tägl. 8 – 18 Uhr; Sep – März: tägl. 8 – 19 Uhr; Gewächshaus: 9 – 17 Uhr

▪ Eintritt 220 R, Kinder (6 – 17 Jahre) 40 R

▪ Botanisch besonders Interessierte sollten den Besuch so legen, dass sie an einer der kostenlosen 90-minütigen Führungen teilnehmen können (Zeiten der Website entnehmen).

▪ Von November bis April finden sonntags die Kirstenbosch Summer Sunset Concerts *(siehe S. 63)* statt.

▪ Das Moyo (www.moyo.co.za) serviert afrikanische Küche, der Kirstenbosch Tea Room (www.fynkos.co.za) kleine Gerichte und Snacks.

🔟⭐ Groot Constantia

Das älteste und wohl berühmteste Weingut Südafrikas liegt zehn Kilometer südlich von Kapstadts Zentrum. Es wurde 1685 von Simon van der Stel gegründet. Die Lage auf der Kap-Halbinsel unterhalb des Constantiabergs ist traumhaft, die Gebäude zählen zu den schönsten Beispielen kapholländischer Architektur. Zwei Giebelhäuser wurden im späten 18. Jahrhundert unter dem Eigner Hendrik Cloete vollendet. Groot Constantia war von 1778 bis 1885 im Besitz der Familie Cloete. In der Zeit schafften es die Dessertweine zu weltweiter Anerkennung und das Gut wurde offizieller Lieferant des im Exil auf St. Helena lebenden Napoléon Bonaparte. Im Jahr 1885 erwarb dann die Regierung Groot Constantia, seit 1993 ist es im Besitz einer gemeinnützigen Stiftung.

Alte Gärten ③

Die friedvollen Gärten des Anwesens *(rechts)* laden zu entspannten Spaziergängen ein. Sie bieten schönen Blick auf die Weinberge und auf die Sandsteinfelsen des Constantiabergs. Einige der Bäume wurden bereits zur Zeit von Simon van der Stel gepflanzt.

① Jonkershuis

Das reetgedeckte kapholländische Haus des *jonkheer*, des ältesten Sohns, entstand durch den Ausbau eines Nebengebäudes *(oben)*. Es beherbergt heute ein Restaurant *(siehe S. 81)*.

② Besucherzentrum

Mit dem maßstabsgetreuen Modell des Guts und informativen Tafeln zu dessen Geschichte ist das Besucherzentrum eine gute erste Anlaufstelle.

④ Coach House Museum

In einem Hof hinter dem Jonkershuis sind historische Kutschen, Wagen, Fahrräder sowie Esels- und Ochsenkarren – vorwiegend Stücke der Isaacs Transport Collection – ausgestellt.

Infobox

Karte H2 ■ Groot Constantia Road ■ +27 21 794 5128 ■ www.grootconstantia.co.za

■ tägl. 10–17 Uhr (Shop 9–18 Uhr)

■ Eintritt für Weinprobe 115 R (mit Schokolade 180 R), Führung 140 R

Homestead Museum: +27 21 795 5149 ■ tägl. 10–17 Uhr ■ Eintritt 30 R, Kinder (6–18 Jahre) 15 R ■ www.iziko.org.za

■ Die Restaurants haben auch abends noch geöffnet.

■ Viele Besucher kommen nur kurz zur Weinprobe her, doch das Gut lohnt einen ausgiebigen Spaziergang.

7 Cloete Cellar

Der lange schmale Bau stammt aus dem Jahr 1791 und besitzt den berühmtesten Dreiecksgiebel Südafrikas. Anton Anreith schuf das markante Rokoko-Werk. Was früher als Weinkeller diente, beherbergt heute eine Sammlung alter Fässer (links) und Trinkgefäße.

Simon van der Stel

Simon van der Stel (1639 – 1712) war der nichteuropäische Gouverneur der Kapkolonie (1691). Geboren wurde er in der Nähe der Insel Mauritius auf See. Seine Vater Adriaan van der Stel war ein Beamter der Niederländischen Ostindien-Kompanie, seine Mutter Monica van Goa war die Tochter einer versklavten Frau. Simon van der Stel zählte zu den einflussreichsten Persönlichkeiten der frühen Kolonialzeit. Er spielte eine zentrale Rolle bei der Gründung von Stellenbosch und Simon's Town, die beide nach ihm benannt wurden.

8 Altes Tor & Hauptzufahrt

Die prächtige Zufahrtsstraße zum Hauptgebäude des Anwesens führt durch ein Tor (oben), das noch aus dem 18. Jahrhundert stammt.

10 Weinproben

Im Gebäude am Eingang, wo Wein verkauft wird, finden auch die Verkostungen statt. Besucher kommen hier in den Genuss von einigen exzellenten Tropfen. Der hochgelobte Grand Constance z. B. führt die Tradition der Dessertweine fort, die den Ruhm des Guts begründeten.

5 Bad

Man weiß nicht, wann das verzierte ovale Badebecken an den Hängen des Constantiabergs gebaut wurde, doch der Stil gleicht dem vom Giebel am Haupthaus, der im späten 18. Jahrhundert entstand.

6 Fassade des Manor House

Hendrik Cloete erweiterte Simon van der Stels Gebäude um die Frontgiebel. Die Skulptur in der Nische ist ein Werk von Anton Anreith.

9 Homestead Museum

Das Museum im Manor House präsentiert eine für Gutsherren des 18. Jahrhunderts typische Einrichtung (oben). Möbel und Kunstobjekte wurden 1927 von dem Sammler Alfred de Pass gestiftet.

TOP 10 ⭐ Simon's Town & Boulders Beach

Südafrikas drittälteste Siedlung ist nach Gouverneur Simon van der Stel benannt, der den geschützten Hafen im Winter bevorzugte. Das Flair der Stadt spiegelt die 144 Jahre währende Rolle als größte britische Marinebasis der Region. Für Reiz sorgen die viktorianische Architektur und die hübsche Lage oberhalb einer Reihe von Sandstränden – der berühmteste ist Boulders Beach mit seiner Kolonie von Brillenpinguinen.

1 Boulders Beach
Der nach den schützenden Felsen benannte Strand *(oben)* ist ein hübscher und ruhiger Ort zum Baden. Mitunter wird man dabei von Pinguinen begleitet *(siehe S. 46)*.

2 South African Naval Museum
In einem Deckshaus aus den 1740er Jahren wird u. a. eine originalgetreue Kommandobrücke samt simulierten Wellenbewegungen präsentiert.

3 Jubilee Square & Quayside
Jubilee Square und Quayside Centre *(unten)* überblicken den Hafen. Am Kai legen Boote zu Ausflügen nach False Bay und Seal Island ab.

4 Historic Mile
An diesem Stück der St George's Street reihen sich die viktorianischen Fassaden aneinander *(oben)* – die höchste Dichte an historischen Bauten in Simon's Town. Besuchen Sie unbedingt die reizende Bar im 1929 erbauten Lord Nelson Hotel.

5 Willis Walk

Der für Rollstühle geeignete Plankenweg *(links)* liegt außerhalb des Nationalparks, bietet aber Blick auf Pinguine und deren Nachwuchs sowie auf fynbosliebende Vögel wie Gelbscheitelgirlitze und Schwalben.

6 Foxy Beach

Zwei Bohlenwege führen zu dem Sandstrand, den Hunderte von Brillenpinguinen bevölkern. Bevor Sie den Tieren beim Wellenreiten oder Watscheln zusehen, können Sie Ihr Pinguinwissen im Boulders Visitor Centre auffrischen.

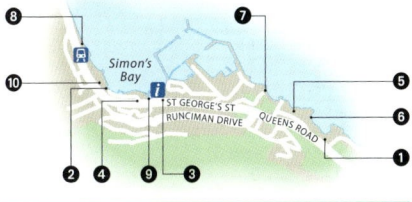

7 Seaforth Beach

Schützende Felsen machen den Strand, den zuweilen Pinguine vom nahen Boulders Beach besuchen, zu einem guten Ort zum Schwimmen. Wenn der Wind zunimmt, bietet ein nettes Strandrestaurant Zuflucht.

Kurzführer Boulders Beach

Boulders liegt südlich von Simon's Town, erreichbar über die Hauptstraße, die nach Cape Point führt. Foxy und Boulders Beach gehören zum erweiterten Gebiet des Table Mountain National Park und haben separate Zugangstore. Das Boulders Visitor Centre liegt beim Tor zum Foxy Beach. Der Willis Walk, der die beiden Tore verbindet, ist rund um die Uhr zugänglich.

8 Metrorail Southern Line

Die Metrorail-Linie ins südliche Simon's Town mit dem viktorianischen Bahnhof gilt als eine der schönsten Strecken der Welt *(oben)* – mit atemberaubenden Ausblicken auf die False Bay.

9 Kajaktouren

Einen ganz anderen Blick auf Küste und Pinguine bieten die zweistündigen Kajaktouren zum Boulders Beach, die am Hafen von Simon's Town angeboten werden.

10 Simon's Town Museum

Eine alte Gouverneursresidenz birgt Ausstellungen über Zwangsumsiedlungen zur Zeit der Apartheid und – deutlich amüsanter – über einen netten Marinehund.

Infobox

Karte H4 ■ Visitor Centre: 111 St George's St; +27 21 786 8440 ■ www.simonstown.com

Boulders Penguin Colony: +27 21 786 2329 ■ tägl. (Feb, März, Okt & Nov: 8–18.30 Uhr; Apr–Sep: 8–17 Uhr; Dez & Jan: 7–19.30 Uhr) ■ Eintritt 170 R, Kinder 85 R ■ www.sanparks.org/parks/table_mountain

Metrorail Southern Line: ■ www.metrorail.co.za

Simon's Town Museum: Court Road ■ Mo–Fr 10–16 Uhr, Sa 10–13 Uhr ■ www.simonstownmuseum.org.za

■ In Simon's Town stehen mehrere Lokale zur Wahl: Speisen Sie z. B. im Seaforth Restaurant *(siehe S. 89)* oder gehen Sie zu Bertha's (www.berthas.co.za).

TOP 10 ⭐ Cape of Good Hope

Das Kap der Guten Hoffnung, eine zerklüftete Landspitze, wird fälschlicherweise oft für den südlichsten Punkt Afrikas gehalten. Und tatsächlich hat man an dem sturmumtosten Kap mit seinen rund 250 Meter hohen Klippen den Eindruck, am Ende des Kontinents zu stehen. Das Kap der Guten Hoffnung (oder Kaap die Goeie Hoop) ist Teil des Table Mountain National Park und auch wegen seiner Fauna interessant. Weiteren Reiz bietet die Fynbosvegetation, die das Kap pastellfarben überzieht.

① Rooikrans

Der Aussichtspunkt *(oben)* einen Kilometer abseits der Hauptstraße nach Cape Point eignet sich hervorragend zur Walbeobachtung. Ein Fußweg führt zum Felsstrand hinunter.

② Gifkommetjie-Rundstraße

Die Straßenschleife führt durch Fynbos-Felder zu einem Bergkamm mit pilzförmigen Felsformationen und fantastischer Aussicht. Wanderlustige können den wenig frequentierten dreistündigen Weg zum Hoek van Bobbejaan (Gebiet der Paviane) einschlagen – und nach Schildkröten Ausschau halten.

③ Cape Point Ostrich Farm

Auf der Straußenfarm kommt man den größten Vögeln der Welt *(rechts)* nahe. Führungen erläutern den Lebenszyklus eines Straußes. Zudem gibt es ein Rehabilitationszentrum für Reptilien.

Infobox

Karte H6 ▪ www.capepoint.co.za

Nationalpark: +27 21 780 9010 ▪ tägl. 7–17 Uhr (Okt – März: 6 –18 Uhr) ▪ Eintritt siehe Website ▪ www.sanparks.org

Cape Point Ostrich Farm: +27 21 780 9294 ▪ tägl. 9.30 –17.30 Uhr ▪ www.capepointostrichfarm.com

Seilbahn: tägl. 9 –17 Uhr (Okt – März: bis 17.30 Uhr) ▪ einfache Fahrt 75 R, Kinder (6 –16 Jahre) 40 R; inkl. Rückfahrt 90 R, Kinder 75 R

▪ Die Paviane, auf die man hier trifft, werden mitunter aggressiv, wenn Beobachter Essen dabeihaben.

▪ Das Two Oceans Restaurant versorgt hungrige Besucher.

6 Aufstieg & Standseilbahn

Die letzte Wegstrecke auf das eindrucksvolle Kliff Cape Point erfordert einen mühsamen Aufstieg über einen steilen Fußpfad – wer es komfortabel mag, wählt lieber die Standseilbahn »Flying Dutchman«.

7 Buffelsfontein Visitor Centre

Das Besucherzentrum in einem hübschen kaphol-ländischen Farmhaus ist eine gute erste Anlaufstelle. Es bietet Bücher und Broschüren sowie ein kleines Naturkundemuseum.

Wale in der False Bay

Von Juli bis November kann man Wale beobachten, die die False Bay durchqueren. Gute Aussichtspunkte im südlichsten Bereich des Table Mountain National Park sind Rooikrans und andere Strände entlang der Ostküste sowie der Lighthouse Keeper's Trail hinter der oberen Seilbahnstation. Am häufigsten wird der Südkaper gesichtet, der bis zu 15 Meter lang werden kann, hier sind aber auch Bryde-, Buckel- und Große Schwertwale (Orcas) zu erspähen.

4 Buffels Bay

Die sandige Bucht ist ein herrlicher Platz für ein Picknick – man muss sich nur vor den Pavianen in Acht nehmen. Es gibt Möglichkeiten zum Grillen *(braai)* und einen Gezeitenpool zum Schwimmen.

5 Kanonkop Trail

Eine kurze Wanderung führt von Buffelsfontein zu der Signalkanone, nach der der Weg benannt ist. An der Strecke, die fantastischen Blick auf die False Bay bietet, steht ein Kalkofen aus dem 19. Jahrhundert. In Januar und Februar blühen hier blaue Orchideen.

8 Bordjiesdrif

Die Gezeitenpools beheimaten Meerestiere, im künstlichen Becken oberhalb kann man baden. Es gibt ein Kreuz, das an Vasco da Gamas Ankunft 1497 erinnert, und die vulkanische Formation Black Rock.

9 Cape Point Lighthouse

Südafrikas wohl schönster Leuchtturm *(rechts)* thront 238 Meter über dem Meer am höchsten Punkt von Cape Point. Für den Bau trug man 1913 bis 1919 Gestein vom heutigen Parkplatzgelände ab. Die Aussicht ist bei jedem Wetter schlicht atemberaubend.

10 Fußpfad

Über den schönen Plankenweg *(oben)* gelangen Sie in etwa 90 Minuten vom Parkplatz zum Strand. Unterwegs kann man den Blick auf den Leuchtturm genießen und jede Menge Meeresvögel sehen.

TOP 10 ⭐ Stellenbosch

Simon van der Stel gründete die zweitälteste und vielleicht schönste Stadt Südafrikas 1679. Stellenbosch erstreckt sich nördlich des Flusses Eerste am Fuß der Jonkershoek-Berge. Ehrwürdige kapholländische Bauten und Schatten spendende Bäume, die Stellenbosch den Spitznamen Eikestad (»Eichenstadt«) gaben, säumen die prächtigen Boulevards der Universitätsstadt. Moderne Restaurants, Cafés, Bars und Läden durchbrechen das historische Ambiente. Auf der kurzen Strecke nach Franschhoek über den Helshoogte Pass gibt es viel zu sehen.

Dorp Street ④
Die kapholländischen Bauten, die Stellenboschs besterhaltene Straße säumen *(rechts)*, wurden alle vor dem 20. Jahrhundert errichtet – die schönsten stehen zwischen Drostdy Street und Herte Street.

① Botanischer Garten
In der 1922 eingerichteten, von der Universität Stellenbosch betreuten Anlage sind Fynbos-Pflanzen, Farne, Bonsais, Orchideen und Sukkulenten aus den Trockengebieten Namibias zu bewundern.

② Jan Marais Nature Reserve
Das 1919 gegründete Reservat mit Teich und Labyrinth schützt einheimische Fynbos-Pflanzen und kleine Wildtiere.

⑤ Weingut Lanzerac
1692 wurden auf dem Anwesen Schoongezicht (»Schöne Aussicht«) die ersten Rebstöcke gepflanzt. Sowohl die edlen Weine als auch das Restaurant lohnen den Abstecher zu Stellenboschs nächstgelegenem Gut.

Stellenbosch

Village Museum ③
Vier zeitgenössisch eingerichtete Häuser *(rechts)* repräsentieren Epochen der Stadtentwicklung. Das jüngste Interieur stammt aus den 1830er Jahren.

Oom Samie se Winkel ⑥

Der nach Oom (Onkel) Samie Volsteedt, dem früheren Besitzer, benannte Laden *(rechts)* bietet hausgemachte Süßigkeiten und afrikanisches Kunsthandwerk *(siehe S. 94)*.

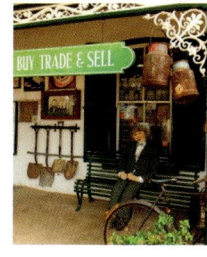

Die Braak ⑦

Am alten Dorfplatz *(braak)* stehen historische Bauwerke wie die reetgedeckte anglikanische Kirche St Mary von 1852 mit neugotischen und kaphölländischen Stilelementen und die Rhenish Church aus dem Jahr 1823 mit barocker Kanzel.

Toy & Miniature Museum ⑧

Die Sammlung in dem Rheinischen Pfarrhaus umfasst Miniaturhäuser, nostalgisches Spielzeug wie alte Puppen und eine Modelleisenbahn, bei der ein detailgetreuer Blue Train von Stellenbosch nach Matjiesfontein fährt.

Universiteit Stellenbosch

Die bedeutendste auf Afrikaans lehrende Universität Südafrikas ging aus dem 1866 gegründeten Stellenbosch Gymnasium hervor; der Bau steht noch immer an der Dorp Street. Zu ihren Alumni zählen vier südafrikanische Premierminister (Jan Smuts, Daniel Malan, Barry Hertzog und Hendrik Verwoerd) und bekannte Apartheid-Gegner wie Beyers Naudé und Heinrich Grosskopf.

Rupert Museum ⑨

Das Museum im Südwesten der Stadt zeigt Werke südafrikanischer Künstler wie Irma Stern und Walter Battiss.

Moederkerk ⑩

Die eindrucksvolle »Mutterkirche« steht am Ort der ursprünglichen, 1710 abgebrannten niederländisch-reformierten Kirche gegenüber dem Village Museum. Der Turm des neugotischen Baus wurde 1866 fertiggestellt.

Infobox

Karte D2 ▪ Visitor Centre: 47 Church St ▪ +27 21 886 4310 ▪ www.visit stellenbosch.org

Botanischer Garten: Van Riebeeck Street ▪ +27 21 808 9111 ▪ Zeiten siehe Website ▪ Eintritt 15 R ▪ www.sun.ac.za

Jan Marais Nature Reserve: Marais Road ▪ +27 21 808 8160 ▪ tägl. 8–18 Uhr

Village Museum: 37 Ryneveld St ▪ +27 21 887 2937 ▪ Mo–Sa 9–17 Uhr, So 10–16 Uhr (Mai–Aug: 10–13 Uhr)

▪ Eintritt ▪ www.stelmus. co.za

Weingut Lanzerac: Lanzerac Road ▪ +27 21 887 1132 ▪ Zeiten siehe Website ▪ www.lanzerac. co.za

Toy & Miniature Museum: Market Street ▪ +27 21 887 2937 ▪ Mo–Fr 9–16.30 Uhr, Sa 9–14 Uhr ▪ Eintritt ▪ www.stelmus.co.za

Rupert Museum: Stellentia Avenue ▪ +27 21 888 3344 ▪ Mo–Fr 10–17 Uhr, Sa, So 10–16 Uhr ▪ Eintritt ▪ www.rupert museum.org

Von Stellenbosch bis Franschhoek

Das Weingut Boschendal zwischen Drakenstein und Simonsberg

① Weingut Boschendal
Karte E2 ■ Pniel Road, Groot Drakenstein ■ +27 21 870 4200 (für Picknicks: +27 21 870 4273) ■ Proben: tägl. 10–18 Uhr; Touren: tägl. 10–17.30 Uhr (Winter: nur Sa, So) ■ www.boschendal.com
Das Weingut bietet neben Weinproben auch Picknickkörbe für ein luxuriöses Mittagessen.

② Pniel
Karte E2
Die 1934 von der Berliner Missionsgesellschaft zur Unterbringung ehemaliger Sklaven gegründete Siedlung

Im Franschhoek Motor Museum

am Fuß des Simonsbergs blieb während der Apartheid Wohngebiet für Schwarze. Die Kirche stammt aus dem 19. Jahrhundert, das Freedom Monument, das der Sklavenbefreiung gedenkt, wurde 1993 enthüllt.

③ Franschhoek Motor Museum
Karte F2 ■ R45 Richtung Franschhoek ■ +27 21 874 9002 ■ Mo – Fr 10 – 17 Uhr, Sa, So 10 –16 Uhr nach Anmeldung ■ Eintritt ■ www.fmm.co.za
Eine Sammlung von gut 220 motorisierten Raritäten – darunter ein Beeston-Dreirad von 1898 und ein Ferrari Enzo von 2003 – lockt Autoliebhaber zum renommierten Weingut L'Ormarins.

④ Weingüter Delaire Graff & Tokara
Karte E2 ■ Helshoogte Road ■ Delaire Graff: +27 21 885 8160; Proben: Mo – Sa 10 –17 Uhr, So 10 –16.30 Uhr; Eintritt; www.delaire.co.za ■ Tokara: +27 21 808 5900; Proben: tägl. 10 – 18 Uhr; www.tokara.co.za
Besuchen Sie die beiden Weingüter auf dem Kamm des Helshoogte Pass am besten gegen Abend – bei Sonnenuntergang ist der Blick über die Weinregion und der Genuss des hiesigen Schaumweins noch reizvoller.

Hugenotten

Französische Protestanten flohen vor der Verfolgung durch die Katholiken unter Louis XIV auch nach Afrika. Franschhoek ist Zeugnis des Zustroms in die Kapregion 1688. Die Intergration der Franzosen förderte nicht zuletzt ein Erlass, der Niederländisch zur alleinigen Amts-, Handels- und Unterrichtssprache erklärte. Die Hugenotten hatten wesentlichen Anteil an Südafrikas Aufstieg zum bedeutenden Weinerzeugerland. Viele afrikaanse Nachnamen sind französischen Ursprungs: Einige, z. B. de Villiers, blieben unverändert, andere wie Cronjé (Cronier) und Nel (Neél) wurden abgewandelt.

5 Weingut Mont Rochelle

Karte F2 ▪ **Dassenberg Road**
▪ **+27 21 876 2770** ▪ **Proben: tägl.**
10–18 Uhr ▪ **Eintritt** ▪ **www.virgin**
limitededition.com/en/mont-rochelle

Von Franschhoek aus erreicht man
das kleine Gut mit den hübschen
kapholländischen Gebäuden in fünf
Minuten mit dem Auto oder in einer
halben Stunde zu Fuß über einen
steilen Weg. Die herrliche Aussicht
auf Tal und Middagkrans-Berge genießt man am besten in einem der
beiden vorzüglichen Restaurants.

6 Weingut La Motte

Auf dem Gut ist viel geboten:
Neben Weinproben, bei denen man
die preisgekrönten Tropfen einfach
nur probiert, gibt es thematische
Verkostungen mit Anleitung, Führungen, ein Museum und mit dem
Pierneef à La Motte *(siehe S. 99)* ein
exquisites Restaurant.

Restaurant Pierneef à La Motte

7 Hugenotten-Denkmal

Karte F2 ▪ **Lambrechts Road**
▪ **tägl. 9–17 Uhr**

Das Monument am Rande Franschhoeks wurde 1938–48 errichtet, um
an die Ankunft der Hugenotten 1688

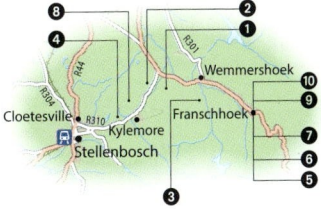

Hugenotten-Denkmal

zu erinnern. Die drei hohen Bogen
stehen für die Heilige Dreifaltigkeit
und auch die Frauenfigur auf der
Weltkugel zeigt religiöse Symbole.

8 Hillcrest Berry Orchards

Karte E2 ▪ **Helshoogte Road** ▪ **+27**
21 885 1629 ▪ **tägl. 9–17 Uhr**
▪ **www.hillcrestberries.co.za**

Auf der Farm werden siebenerlei
Beeren angebaut. Die daraus her-
gestellten Köstlichkeiten kann man
im Restaurant kosten und im Souve-
nirladen kaufen.

9 Niederländisch-reformierte Kirche

Karte F2 ▪ **Huguenot Road**

Franschhoeks 1848 erbautes Juwel
liefert ein idyllisches Bild: weiß ge-
tünchte Giebel und ein Glockenturm
vor schöner Bergkulisse.

10 Huguenot Memorial Museum

Karte F2 ▪ **Lambrechts Road** ▪ **+27**
21 876 2532 ▪ **tägl. 9–17 Uhr**
(Mai–Sep: Di–Sa) ▪ **Eintritt**
▪ **www.museum.co.za**

Das interessante Museum zeichnet
den Alltag der französischen Siedler
nach, die Franschhoek den Namen
gaben. Unter den alten Bibeln findet
sich ein Exemplar von 1636.

Themen

Brillenpinguine am Boulders Beach

🔟 Historische Ereignisse

① Prähistorische Zeit

Erste Zeugnisse von Besiedelung an der Table Bay – Werkzeuge aus der Altsteinzeit – sind 1,4 Millionen Jahre alt. Jäger und Sammler vom Volk der San zogen vor rund 30 000 Jahren in das Gebiet und hinterließen Felszeichnungen, z. B. in der Cederberg-Gebirgskette nördlich von Kapstadt. Das Hirtenvolk der Khoikhoi brachte vor ca. 2000 Jahren Fettschwanzschafe mit in die Region.

② Ankunft der Portugiesen

1488 umrundete der portugiesische Seefahrer Bartolomeu Dias als erster Europäer das Kap. Streitigkeiten mit den Khoikhoi gipfelten 1510 im Tod des Kapitäns Francisco d'Almeida in der Table Bay.

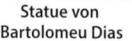

Statue von Bartolomeu Dias

③ Gründung Kapstadts

Der bei der VOC (Vereinigde Oostindische Compagnie) beschäftigte Jan van Riebeeck gründete 1652 eine Nachschubbasis für niederländische Schiffe in der Table Bay. Binnen eines Jahrhunderts wurde Kapstadt zur Heimat europäischer Siedler, zählte allerdings mehr Sklaven als freie Bürger.

④ Britische Kolonie & Großer Treck

Unter den Briten, die die Kapkolonie 1795 besetzt hatten, wurde 1834 die Sklaverei abgeschafft. Von 1836 bis 1843 zogen 12 000 erzürnte, Sklaven haltende Buren (niederländische Farmer) im sogenannten Großen Treck nordwärts und gründeten Republiken wie Transvaal und den Oranje-Freistaat.

⑤ Zweiter Burenkrieg & Vereinigung

Den von 1899 bis 1902 währenden Burenkrieg initiierten die Briten, um Kontrolle über die Goldader von Johannesburg zu erlangen. 1910 wurde aus Kapkolonie, Natal, Transvaal und Oranje-Freistaat die Südafrikanische Union mit dem einstigen Burengeneral Louis Botha als Premierminister.

⑥ Apartheidregime

Nachdem 1948 die Nationale Partei (NP) ins Kabinett gewählt worden war, erhoben Verordnungen des Parlaments Rassendiskriminierung zur politischen Ideologie der Apartheid (»Getrenntheit«).

Gemälde der Küstenlandschaft am Cape of Good Hope

7 Massaker von Sharpeville & Rivonia-Prozess

Die Ermordung von 69 friedlichen Demonstranten in Sharpeville durch die Polizei fachte 1960 den Widerstand gegen die Apartheid an. Unter Nelson Mandelas Führung entstand Umkhonto we Sizwe, der bewaffnete Flügel des verbotenen African National Congress (ANC). 1962/63 wurde Mandela mit weiteren Gegnern der Apartheid im Rivonia-Prozess wegen Hochverrats verurteilt.

8 Gründung der UDF

Gut 15 000 Aktivisten gründeten 1983 in Mitchells Plain das APO-Bündnis United Democratic Front (UDF) – faktisch der Arm des ANC in den letzten Jahren der Apartheid.

Nelson Mandela bei seiner Freilassung

9 Demokratie

Im Februar 1990 hob Präsident de Klerk das Verbot des ANC auf und entließ Mandela nach 27 Jahren aus der Haft. Die ersten demokratischen Wahlen im Mai 1994 machten den ANC zur stärksten Kraft im Land. Nelson Mandela übernahm das Amt des Präsidenten.

10 Die Zeit nach Mandela

Mandela schied 1999 nach einer Amtszeit als Staatsoberhaupt aus der aktiven Politik aus. Auch nach allen folgenden Parlamentswahlen stellte der ANC die Regierung Südafrikas.

Berühmte Südafrikaner

Erzbischof Desmond Tutu

1 Nelson Mandela
Südafrikas wohl berühmtester Sohn war 27 Jahre lang in Gefängnissen rund um Kapstadt inhaftiert *(siehe S. 17)*.

2 Desmond Tutu
Der Friedensnobelpreisträger war von 1985 bis 1995 anglikanischer Erzbischof von Kapstadt *(siehe S. 13)*.

3 Miriam Makeba
Die auch »Mama Africa« genannte Sängerin war eine Vertreterin der Weltmusik.

4 Winnie Madikizela-Mandela
Die »Mutter der Nation« wurde zur Zeit der Apartheid wiederholt inhaftiert und unter Hausarrest gestellt. Später war sie Vorsitzende der ANC Women's League.

5 J. M. Coetzee
Der Schriftsteller wurde zweimal mit dem Booker Prize ausgezeichnet und erhielt 2003 den Nobelpreis für Literatur.

6 Steve Biko
Der Bürgerrechtler und Mitbegründer des Black Consciousness Movement kam 1977 in Polizeigewahrsam ums Leben.

7 Brenda Fassie
Die als »Madonna der Townships« bekannte Popsängerin starb 2004 mit 39 Jahren an einer Überdosis Kokain.

8 Elon Musk
Der in Pretoria geborene und aufgewachsene Unternehmer ist Mitbegründer von Tesla und wurde 2021 zum reichsten Menschen der Welt.

9 Charlize Theron
Die Schauspielerin erhielt 2004 für ihre Rolle in *Monster* einen Oscar.

10 Trevor Noah
Der preisgekrönte Kabarettist und Schauspieler ist Moderator der populären Nachrichtensatire *The Daily Show*.

TOP 10 Südafrikanische Kultur

District Six Museum

1 District Six Museum

Das Museum – Beleg für die Grausamkeit des von der Nationalen Partei initiierten Group Areas Act und der Umsetzung in den 1950er/1960er Jahren – zeigt den Alltag im District Six vor der Zerstörung durch das Apartheidregime *(siehe S. 18f)*.

2 Langa
Karte H1

Die älteste und zentrumsnaheste Township, 1927 entstanden, spielte im Widerstand der Xhosa gegen die Apartheid eine zentrale Rolle. Führungen schließen das Guga S'Thebe Arts Centre und das Mittelklasse-Wohngebiet »Beverley Hills« ein.

Wandmosaik in Langa

3 Iziko Slave Lodge

Der Bau am Company's Garden wurde 1679 als Unterkunft für Sklaven aus Malaysia und von den Inseln des Indischen Ozeans – treibende Kraft für die Landwirtschaft am Kap – errichtet. Heute wird hier anhand von Multimedia-Ausstellungen die Geschichte des Sklavenhandels dokumentiert *(siehe S. 13)*.

4 Felszeichnungen

In Südafrika gibt es viele Felszeichnungen – an mehreren Stätten fanden sich ca. 10 000 Jahre alte Relikte. Im Iziko South African Museum *(siehe S. 13)* widmet man sich dem prähistorischen Ausdrucksmittel und präsentiert neben Rekonstruktionen auch ein Original, das vor der Beschädigung durch Straßenbauarbeiten gerettet werden konnte.

5 Gugulethu
Karte H2

Das aufstrebende Viertel »Gugs« – in den 1960er Jahren als Township errichtet – kann man im Rahmen einer Führung oder auf eigene Faust erkunden (aber nicht nach Einbruch der Dunkelheit!). Es birgt das Restaurant Teez Lounge, wo man gern ein Stück Fleisch auf den Grill wirft.

6 Robben Island

Führungen durch den Hochsicherheitstrakt auf Robben Island *(siehe S. 16f)*, in dem Apartheid-Gegner einsaßen, werden von ehemaligen Häftlingen geleitet. Die Touren beinhalten auch eine Besichtigung von Nelson Mandelas Zelle.

7 Khayelitsha
Karte C3

In den Cape Flats entstand in den 1980er Jahren als eine der letzten Townships gemäß Group Areas Act Khayelitsha, in der Sprache der Xhosa bedeutet dies »Neue Heimat«. Die Siedlung zählt zu den ärmsten des Landes.

8 Long Street
Karte P5

Preiswerte Lokale, trendige Läden *(siehe S. 72)* und LGBTQ+ Clubs charakterisieren eine der lebendigsten Ecken Kapstadts – sehr beliebt bei Rucksackurlaubern.

Läden an der Long Street

9 Iziko Bo-Kaap Museum
Karte P4 ■ 71 Wale St, Bo-Kaap
■ +27 21 481 3800 ■ Mo – Sa 9 – 17 Uhr
■ Eintritt ■ www.iziko.org.za

Das Museum widmet sich Bo-Kaaps Geschichte. Der muslimische Vorort entstand in den 1830er Jahren, als sich nach dem Ende der Sklaverei hier Kapmalaien ansiedelten.

10 Imizamo Yethu

In der jungen Township über der Hout Bay herrscht freundliche Atmosphäre – den primitiven Bedingungen zum Trotz. Einwohner führen Besucher durchs Viertel *(siehe S. 85)*.

Slang & Umgangssprache

Lekkers

1 Lekker
Lekker bedeutet »gut« oder »schön«, aber eben auch »lecker«. Es ist das afrikaanse Wort für Süßigkeiten.

2 Ag!
Das ähnlich dem deutschen »Ach« artikulierte Wort kann Missfallen (»Igitt!«), Mitleid (»Oje!«) oder Ärger (»Oh nein!«) ausdrücken.

3 Bru
Der vom afrikaanse Wort *broer* (»Bruder«) abgeleitete Begriff dient als Anrede für Männer, vergleichbar mit »Kumpel« oder »Freund«.

4 Eish!
Der Begriff steht in etwa für »Was für ein verrückter Tag«.

5 Babalas
Wer schon mal einen Kater hatte, weiß, was die »Kap-Farbigen« *(siehe S. 68)* mit diesem Wort meinen.

6 Just now
Der Ausdruck sorgt bei Besuchern häufig für Verwirrung und Amusement: Er bedeutet »etwas später« oder auch »viel später«!

7 Now now
In dem Begriff steckt viel mehr Dringlichkeit als in »just now«, dennoch ist die Bedeutung noch weit entfernt von »jetzt«.

8 Izit?
Dieser Einwurf in die Erzählung eines anderen gleicht dem deutschen »Tatsächlich?«.

9 Yebo
Der Begriff wird häufig verwendet, um Zustimmung auszudrücken.

10 Jol
Das Wort für »Vergnügen« wird wie im Deutschen als Substantiv und als Verb verwendet: »Where's the jol?« und »Let's jol!« – ähnlich dem englischen »party«.

 **Parks & Naturschutzgebiete**

1 Jonkershoek Nature Reserve

Das Gebiet dient – samt dem Assegaaibosch Nature Reserve – dem Schutz der 1526 Meter hohen Jonkershoek-Berge östlich von Stellenbosch. Mit reicher Fauna und viel Berg-Fynbos ist die Gegend ein Paradies für Wanderer. Tagestouren reichen vom Spaziergang durch den Wildblumengarten von Assegaaibosch bis zum 18 Kilometer langen Swartboskloof Trail *(siehe S. 90f)*.

2 Cederberg Wilderness Area

Karte U2 ▪ +27 21 483 0190
▪ Eintritt ▪ www.capenature.co.za
Drei Stunden nördlich von Kapstadt lockt die Cederberg-Region *(siehe S. 102)* Wanderer, Kletterer, Biker, Fotografen und Sterngucker an. Die fantastischen Sandsteinformationen sind auf Tagestouren zu erkunden, für die Nacht gibt es Campingplätze.

Cederberg Wilderness Area

3 Harold Porter National Botanical Garden

Im Botanischen Garten in der Betty's Bay sieht man reichlich Fynbos: die Orchideenart *Disa uniflora* im natürlichen Habitat, Süßgras, Protea und Erika. Die reiche Vogelwelt, die vom Fynbos angelockt wird, ist ein zusätzlicher Reiz für viele Besucher *(siehe S. 104)*.

Pelikane im Table Bay Nature Reserve

4 Table Bay Nature Reserve

Karte B2 ▪ Sandpiper Crescent, Table View ▪ +27 21 444 0315
▪ tägl. 7.30–17 Uhr ▪ Eintritt
▪ www.friendsofrietvlei.co.za
Der Park am Rand der Vorstädte Milnerton und Table View bietet beste Möglichkeiten zur Vogelbeobachtung. Er schützt die Flussauen des Diep, die Süßwasser- und Meeresvögel anlocken. Bislang wurden hier fast 200 Arten gesichtet. Zwischen Oktober und März machen Watvögel Station.

5 Silvermine

Karte H3 ▪ +27 21 712 7471
▪ Gate 1: tägl. 8–16 Uhr (Sep–Apr: 7–17 Uhr); Gate 2: tägl. 8–18 Uhr
▪ Eintritt ▪ www.sanparks.org
Das Schutzgebiet im Zentrum des Table Mountain National Park ist eine Alternative zum Tafelberg selbst. Der Silvermine River Walk macht mit Fynbos und Vogelwelt bekannt, der steile Anstieg zu Noordhoek Peak und Elephant's Eye Cave bietet tolle Blicke auf den Ozean.

6 Kogelberg Biosphere Reserve

Die zerklüfteten Berge der Kogelberg-Region, nur 100 Kilometer von Kapstadt entfernt, bieten das Gefühl völliger Wildnis. Machen Sie einen Tagesausflug, um Kajak zu fahren, zu wandern oder Wildpferde zu sehen – oder mieten Sie eine Hütte für die Nacht *(siehe S. 104)*.

7 West Coast National Park

Das große Areal in der geschützten Langebaan-Lagune ist bei Vogelbeobachtern und Wassersportlern beliebt. Neben der Küstenlandschaft ist die Tierwelt interessant: Elenantilopen, Bunt- und Springböcke. Im August und September bieten die Wildblumen rund um den Postberg ein reizvolles Bild *(siehe S. 101)*.

8 Paarl Mountain Nature Reserve

Karte E1 ■ Jan Phillips Mountain Drive, Paarl ■ +27 82 7807 6233 ■ tägl. 7–18 Uhr (Okt–März bis 19 Uhr) ■ Eintritt

Die Landschaft um den namensgebenden Granitrücken am Rande von Paarl – feucht glänzt er in der Sonne wie eine Perle – prägen endemische Baumarten und Berg-Fynbos. Das Areal eignet sich hervorragend für belebende Wanderungen, ist aber auch bei Anglern und Mountainbikern sehr beliebt.

9 Kirstenbosch National Botanical Garden

Der Landschaftsgarten an den östlichen Ausläufern des Tafelbergs präsentiert die vielfältige Pflanzenwelt Südafrikas. Durchs Gelände führen komfortable, meist sogar rollstuhltaugliche Fußwege *(siehe S. 26f)*.

10 Table Mountain National Park

Karte T4 ■ +27 21 712 0527 ■ Öffnungszeiten & Eintrittspreise je nach Sektion ■ www.sanparks.org

Das 1998 zum Nationalpark erklärte Areal erstreckt sich vom Signal Hill im Norden bis nach Cape Point an der Spitze der Kap-Halbinsel *(siehe S. 32f)*. Die biologische Vielfalt mit rund 2200 Pflanzenarten und einer Fauna, die vom Bärenpavian über Klippschliefer bis zu endemischen Vögeln und Fröschen reicht, gedeiht in unmittelbarer Nähe der Großstadt Kapstadt.

Wanderer im Table Mountain National Park

⬛TOP⬛10 Begegnungen mit der Tierwelt

Pelikane im False Bay Nature Reserve

❶ Vogelbeobachtung im False Bay Nature Reserve – Rondevlei Bird Sanctuary

In dem Feuchtbiotop nahe den Cape Flats wurden schon rund 230 Wasservogelarten gesichtet, u. a. Rosapelikan, Schmalschnabellöffler und verschiedene Reiher *(siehe S. 85).*

❷ Hafenrundfahrt

V&A Waterfront ▪ City Sightseeing: +27 21 511 6000; tägl. 9–17 Uhr ab Two Oceans Aquarium; www.citysightseeing.co.za ▪ Waterfront Charters: +27 21 418 3168; tägl. 9–19 Uhr ab Quay 5; www.waterfrontcharters.co.za

Auf Rundfahrten sind neben Seeschwalben und Möwen fast immer auch Südafrikanische Seebären zu sehen. Weiter draußen lassen sich auch Delfine und Wale blicken.

❸ Brillenpinguine, Boulders Beach

Ein Blick auf die flugunfähigen Vögel, die wie unbeholfene Kellner im Frack umherwatscheln, ist bei Urlaubern fester Programmpunkt. Die 2000 Tiere umfassende Kolonie am Boulders Beach *(siehe S. 30)* begann 1982 mit zwei brütenden Paaren.

❹ Tauchen & Schnorcheln

Die Kelpwälder und Gezeitenbecken des Atlantiks bieten hervorragende Möglichkeiten, die Unterwasserwelt und ihre faszinierenden Bewohner zu erkunden *(siehe S. 52).*

❺ Walbeobachtung

Juni – Nov (Kalbzeit: Juli /Aug)

Nirgendwo auf der Welt kann man besser von Land aus Wale beobachten als am westlichen Kap. Klippen an der False Bay *(siehe S. 33)*, bei Hermanus und im De Hoop Nature Reserve *(siehe S. 101)* bieten Blick auf Südkaper, die aus den tiefen Wassern der geschützten Buchten auftauchen *(siehe S. 102).*

❻ Seebären, Duiker Island

Die flache Felseninsel liegt etwa sechs Kilometer vor der Küste nahe Hout Bay und beheimatet eine Kolonie Südafrikanischer Seebären mit bis zu 6000 Tieren. Außerdem sind hier drei Kormoran-Arten und einige Pinguine zu Hause. Boote fahren die von den Robben bevölkerten Strände entlang *(siehe S. 86).*

Seebärenkolonie auf Duiker Island

(7) Inverdoorn Game Reserve

Das Wildtierreservat liegt 200 Kilometer von Kapstadt entfernt in der Halbwüste Karoo. Zum Tierbestand zählen Löwen, Geparden, Giraffen, Antilopen und Breitmaulnashörner. Das Anbebot an Freizeitaktivitäten ist groß *(siehe S. 71)*.

(8) Cape of Good Hope

Der südlichste Bereich des Table Mountain National Park bietet traumhafte Ausblicke auf den Ozean. Auch die Tierwelt ist faszinierend: Buntböcke, Kap-Greisböcke und Bergzebras sind in dieser Region heimisch. Sie leben hier neben Bärenpavianen, Elenantilopen und Kapmangusten *(siehe S. 32f)*.

Bärenpaviane am Cape of Good Hope

(9) Klippschliefer am Tafelberg

Die halbzahmen Klippschliefer, die sich auf dem Tafelberg *(siehe S. 22f)* sonnen, sind Abkömmlinge der Huftiere, die vor 35 Millionen Jahren Afrikas pflanzenfressende Arten dominierten. Sie ähneln Meerschweinchen, sind aber größer und haben schärfere Zähne.

(10) Aquila Private Game Reserve

Karte V3 ■ nahe Touwsrivier (N1, dann R46) ■ +27 21 430 7260 ■ www.aquilasafari.com

In dem Reservat im Süden der Karoo leben Löwen, Elefanten und Büffel. Zum vielfältigen Freizeitangebot zählen Tagessafaris, Reitausflüge, Quadtouren und Fly-in-Safaris mit und ohne Übernachtung.

Endemische Flora & Fauna

Blüte der Königsprotea

1 Königsprotea
Südafrikas Nationalblume hat eine lachsbis pinkfarbene Blüte in der Größe einer Ananas.

2 Disa uniflora
In Dezember und Januar präsentiert die Orchidee – der »Stolz des Tafelbergs« – schöne rote Blüten.

3 Silberbaum
Der Baum mit silbern behaartem Stamm und konischen Blüten – ein Verwandter der Protea – wächst nur am Kap.

4 Brillenpinguin
Die einzige hier brütende Pinguinart teilt sich die Kap-Strände bisweilen mit zwei weiteren subantarktischen Arten.

5 Buntbock
Im 20. Jahrhundert stand die schön gezeichnete Antilope vor der Ausrottung, doch ihre Zahl ist wieder angewachsen.

6 Buntes Zwergchamäleon
Von den vier Chamäleonarten in den Bergen der westlichen Kapregion tritt diese am häufigsten auf.

7 Kap-Bergzebra
Während die verwandten Quaggas im 19. Jahrhundert verschwanden, entgingen die Bergzebras ihrer Ausrottung.

8 Kaphonigfresser
Der langschwänzige Vogel liebt Fynbos und gehört zu einer Familie, die nur in Südafrika und Simbabwe zu finden ist.

9 Goldbrust-Nektarvogel
Blühende Fynbos-Habitate sind die einzige Heimat des kleinen nektarliebenden Vogels.

10 Tafelberg-Gespenstfrosch
Der Lebensraum des seltenen Froschs beschränkt sich auf sieben Wasserläufe des Tafelbergs.

Aussichtspunkte

Blick vom Signal Hill auf Kapstadt und Lion's Head

1 Signal Hill

Der flache Gipfel des 350 Meter hohen Hügels zwischen City Bowl und Sea Point – Ausläufer der hornförmigen Felsformation Lion's Head – ist zu Fuß und per Auto zu erreichen. Von den Aussichtspunkten an der Signal Hill Road überblickt man den Osten Kapstadts, oben bietet ein Picknickplatz herrliche Sicht auf Atlantikküste und Table Bay – ein sehr beliebter Ort, um die Sonne im Meer versinken zu sehen *(siehe S. 70).*

2 Rhodes Memorial

Das gewaltige Monument für den ehemaligen Premierminister liegt in den südöstlichen Hängen des Tafelbergs. Den Blick über die Cape Flats auf den fernen Helderberg und die Hottentots-Holland-Berge genießt man am besten vom benachbarten Restaurant *(siehe S. 80).*

3 Rooikrans

Ganz im Süden des Table Mountain National Park findet sich dieser nur wenig frequentierte Aussichtspunkt, der aufregenden Blick nach Norden und auf die Küste der False Bay bietet. Von Juni bis November kann man hier gut Wale beobachten *(siehe S. 32).*

4 Chapman's Peak Drive

Die zwischen 1915 und 1922 angelegte Mautstraße, eine der spektakulärsten Küstenstraßen der Welt, verläuft auf dem Band aus Schiefergestein, das die Granitbasis des Chapman's

Peak vom darüberliegenden Sandstein trennt. Auf der sich durch die Berghänge zwischen Hout Bay und Noordhoek windenden Strecke liegen viele Aussichtspunkte. Der Blick auf die Felsen des Chapman's Peak und den an die Küste brandenden Atlantik ist imposant *(siehe S. 86)*.

⑤ Weingut Tokara

Das Weingut, auf dem auch Oliven angebaut werden, liegt überaus malerisch auf dem Kamm des Helshoogte Pass. Der Blick über die mit Eukalyptus bewachsenen Hänge reicht bis zur False Bay und – an klaren Tagen – zum fernen Tafelberg. Am besten genießt man dazu ein kühles Glas des herrlich trockenen Sauvignon Blanc *(siehe S. 36)*.

⑥ Franschhoek Pass
Karte F2

Da Urlauber das charmante Stellenbosch dem abgelegenen Villiersdorp vorziehen, ist dieser Pass wenig befahren. Folgen Sie ihm zumindest ein Stück – die Aussicht auf die reetgedeckten Dächer und die ausgedehnten Weinberge im Franschhoek Valley ist es wert *(siehe S. 36)*.

⑦ Bloubergstrand
Karte B2

Der Ort liegt etwa 16 Kilometer nördlich von Kapstadt an der Westküste der Table Bay und ist nach dem (»blauen«) Tafelberg benannt, der den sandigen Küstenstreifen überragt. Der Strand selbst ist vormittags am schönsten, aber auch am Nachmittag lässt sich der Blick auf Berg und Meer genießen, vielleicht in einem der Freiluftcafés.

Kitesurfer, Bloubergstrand

⑧ Cape Point

Am Cape of Good Hope *(siehe S. 32f)* gelangt man über einen steilen Fußweg oder mit der Standseilbahn zum Aussichtspunkt von Cape Point. Der Blick über die vom Atlantik umtosten Klippen und Strände reicht weit übers Meer, das sich von hier bis zur Antarktis erstreckt.

Klippen von Cape Point

⑨ Tafelberg

Gleich bei der Gipfelstation der Tafelberg-Seilbahn eröffnet sich dem Besucher die Landschaft der westlichen Kapregion: vom nahen Signal Hill bis zu Robben Island und bis zur False Bay – überragt von den Hottentots-Holland-Bergen. Auch der Blick über die Bergrücken der Kap-Halbinsel bis nach Cape Point ist sehr beeindruckend *(siehe S. 22f)*.

⑩ Clarence Drive
Karte D4/D5

Die Straße entlang der Felsküste zwischen Gordon's Bay und Rooi-Els zählt zu den schönsten Panoramastrecken des Landes. Daher gibt es hier auch jede Menge Aussichtspunkte. Wer gut aufpasst, kann zudem unterwegs Paviane sehen.

🔟 Strände

zen auch die vielen Cafés und Restaurants. In der nahe gelegenen Gordon's Bay bieten Gezeitenbecken Abwechslung.

② Muizenberg Beach
Karte H3

Der Strand im Norden der False Bay ist seit den 1920er Jahren ein Badeort mit Kapstadts bestem Surfstrand. Mit seinen vielfältigen Einrichtungen wie Strandhütten, einem geschützten Pool, Wasserrutschen, Minigolf und Imbissständen ist er vor allem auch bei Familien sehr beliebt. Vom Stadtzentrum fahren Züge nach Muizenberg *(siehe S. 85)*.

Strandhütten am Muizenberg Beach

① Bikini Beach, Gordon's Bay
Karte D4

Der geschützte Strand – der beliebteste in diesem Ortsteil – ist mit dem Auto vom Stadtzentrum aus in einer knappen Stunde zu erreichen. Er wird vom Helderberg überragt und bietet schönen Blick über die False Bay. Das flache Wasser erlaubt sicheres Schwimmen, Familien schät-

③ Boulders Beach

Besucher des geschützten Strands am südlichen Rand der Pinguinkolonie können die Gesellschaft der putzigen Vögel genießen, die sich die Felsen mit den Sonnenbadenden teilen – da zahlt man auch gern den Eintritt *(siehe S. 30f)*.

Pinguine, Boulders Beach

Bucht an den Clifton Beaches

④ Clifton Beaches

Der zentrumsnächste Badestrand – eigentlich vier durch Granitfelsen getrennte Sandbuchten – liegt in Gehweite von Sea Point und Green Point. Die besten Einrichtungen gibt es am Fourth Beach: Umkleidekabinen, Toiletten und Imbissstände; auch Sonnenschirme und Liegestühle kann man hier mieten. Das Wasser ist recht kühl, außerdem sollten Badende die Unterströmung nicht unterschätzen *(siehe S. 70)*.

⑤ Platboom Beach
Karte H6

Der Strand am Cape of Good Hope *(siehe S. 32f)*, Teil des Nationalparks, ist vielleicht der schönste der Halbinsel. Er lädt zum Schwimmen und Sonnen ein, ist aber auch bei Spaziergängern sehr beliebt.

⑥ Camps Bay Beach
Karte G1

Die Twelve Apostles an der Westseite des Tafelbergs überragen den ausgedehnten Sandstrand, der sich neben der Hauptstraße von Camps Bay *(siehe S. 68)* hinter einer Reihe von Cafés, Restaurants und Bars erstreckt. In den Ferien kommen viele Familien an den sonst recht ruhigen Strand, wo man Liegestühle und Sonnenschirme ausleihen kann.

⑦ Sandy Bay
Karte G2

An diesem durch hohe Dünen geschützten Strand bei Llandudno laden mehrere kleine Felsbuchten zum Sonnenbaden ein. Der auch bei Homosexuellen beliebte Küstenstreifen ist schon seit Langem halboffizieller FKK-Strand. Zum Schwimmen ist das Wasser oft zu kalt. Bei der Anfahrt kann man übrigens nicht auf öffentliche Verkehrsmittel setzen.

⑧ Seaforth Beach

Der Strand bei Simon's Town ist wie der nahe Boulders Beach von hohen Felsen umgeben. Meist ist es hier recht ruhig und vereinzelt sind Pinguine zu sehen. Die Holzterrasse des Seaforth Restaurant *(siehe S. 89)* bietet netten Blick auf den Strand *(siehe S. 31)*.

⑨ Bloubergstrand Beach
Karte B2

Mit dem »blauen Berg« ist der Tafelberg gemeint, dessen Silhouette an klaren Tagen vom Strand aus schön zu sehen ist. Der Sandstrand ist von bizarr anmutenden Felsvorsprüngen durchsetzt. Da hier oft starke Winde wehen, ist der Ort bei Wassersportlern beliebt.

⑩ Noordhoek Beach

Der Strand unterhalb des imposanten Chapman's Peak bei Kommetjie präsentiert sich als scheinbar endloser Bogen weißen Sands. Obwohl er stark den Elementen ausgesetzt ist, lockt er Strandspaziergänger, Vogelbeobachter und auch viele Reiter an *(siehe S. 87)*.

Dämmerung am Noordhoek Beach

▒▒ Abenteuerurlaub

Klettern am Westkap

① Klettern
City Rock: +27 21 447 1326;
Kurse nach Anmeldung; www.cityrock.
co.za
Die zerklüfteten Felsen des Westkaps sind ein Kletterparadies. City Rock bietet die nötige Ausrüstung, Anleitung von erfahrenen Sportlern und Indoor-Kletterwände zum Üben.

② Seekajak
Bei schönem Wetter werden von Simon's Town und Hout Bay täglich Kajakausflüge auf dem Meer organisiert. Dabei begegnen Sie wahrscheinlich Meerestieren wie Pinguinen und Robben. Die Aussicht auf die Kap-Halbinsel ist grandios.

③ Höhlenwandern
Cape Peninsula Spelaeological Society (CPSS): www.cpss.caving.org.za
Der steile Pfad zu den Sandsteinhöhlen oberhalb von Kalk Bay bietet großartigen Blick auf die False Bay. Hier wurden die frühesten Beweise menschlicher Besiedelung am Kap entdeckt. Um die Tiefen der Höhlen zu erkunden, muss man klettern und krabbeln – und eine Taschenlampe mitführen.

④ Kitesurfen
Cabrinha: +27 21 554 1729;
www.cabrinha.co.za
Viel Wind und der mächtige Atlantik machen Kapstadt zum idealen Ziel für Kitesurfer. Sie tummeln sich am Muizenberg Beach und noch lieber nahe Table View oder weiter oben an der Westküste. Die Lagune von Langebaan *(siehe S. 104)* eignet sich besonders für Anfänger.

⑤ Tauchen
Scuba Shack: +27 72 603 8630;
www.scubashack.co.za
Die Riffe nördlich von Durban sind für ihren Reichtum an farbenprächtigen Fischen bekannt, aber auch die kühlen Gewässer bei Kapstadt bieten Tauchern einigen Reiz: gewaltige Kelpwälder, die Seebären der Atlantikküste und viele Schiffswracks, die erkundet werden wollen.

Kajak am Boulders Beach, Simon's Town

Ballonfahren
Wineland Ballooning: +27 21 863 3192; Nov – Apr (wetterabhängig); www.kapinfo.com

Eine Fahrt im Heißluftballon über die Winelands ist mal ein entspannter Start in den Tag. Bei der Landung wartet ein Begleitfahrzeug, um Sie zum Sektfrühstück zu bringen. Der Ausflug dauert vier bis fünf Stunden.

 Kloofing
Absolute Adventures: +27 74 620 1525; www.absoluteadventures. co.za

Was man andernorts als Canyoning kennt, heißt am Westkap Kloofing und meint das Bezwingen einer Schlucht von oben nach unten. Unter Anleitung wird geklettert, gesprungen, abgeseilt, gerutscht, gewatet und geschwommen. Die besten Orte dafür liegen nahe der Stadt und tragen vielsagende Namen wie Suicide Gorge und Kamikaze Kanyon.

 Abseilen
Abseil Africa: +27 73 065 1520; www.abseilafrica.co.za

Der 112 Höhenmeter überwindende Abstieg an der Westflanke des Tafelbergs, den Abseil Africa betreut, bietet atemberaubende Ausblicke. Die Abseilstrecke gilt als die weltweit längste kommerziell geführte Route.

 Quadfahren
Downhill Adventures: +27 21 422 0388; www.downhilladventures.com

Die Landschaft rund um Kapstadt ist für Quadtouren wie gemacht. Bevor eine Gruppe zum Ausflug durch die Winelands oder über die Kap-Halbinsel aufbricht, erklärt ein erfahrener Führer erst einmal, wie das vierrädrige Fun-Fahrzeug bedient wird.

10 Gleitschirmfliegen
Parapax: +27 82 881 4724; www.parapax.co.za

Signal Hill und Lion's Head sind Startpunkte für Gleitschirm-Tandemflüge. Unter den Fittichen eines professionellen Fliegers kann sich ganz auf die spektakuläre Aussicht konzentrieren.

Spaziergänge & Wanderungen

An der Sea Point Promenade

1 Sea Point Promenade
Spazieren Sie entlang der Promenade, dem berühmtesten Wahrzeichen von Sea Point.

2 Nursery Ravine and Skeleton Gorge
Die Wanderung beginnt im Kirstenbosch National Botanical Garden *(siehe S. 26f)* und führt über einen steilen Pfad hinauf zu Maclear's Beacon *(siehe S. 23)*.

3 Green Point Urban Park
Beim Schlendern durch den wunderschönen Park *(siehe S. 61)* bewundern Sie die einzigartigen Skulpturen.

4 Pipe Track
Vom relativ einfachen Weg unterhalb der spektakulären Twelve Apostles hat man einen tollen Blick auf Camps Bay.

5 Kalk Bay
Die Berge oberhalb von Kalk Bay *(siehe S. 87)* bieten zahlreiche Wanderwege mit herrlicher Aussicht auf die False Bay.

6 Newlands Forest
Der Wald an den östlichen Hängen des Tafelbergs verfügt über Wanderwege unterschiedlicher Schwierigkeitsgrade.

7 Company's Garden
In diesem Garten *(siehe S. 12f)* werden Sie viele Eichhörnchen entdecken.

8 Lion's Head
Über einen beliebten Wanderweg gelangt man auf den Gipfel *(siehe S. 60)* und genießt eine großartige Aussicht.

9 Chapman's Peak
Wandern Sie über dem Chapman's Peak und genießen Sie Blicke auf den Atlantik, Hout Bay und Fish Hoek *(siehe S. 85)*.

10 Cape Point
Dieses Paradies für Wanderer bietet Wege durch atemberaubende Landschaften, über einsame Strände und zerklüftete Klippen *(siehe S. 49)*.

TOP10 Sport & Aktivurlaub

1 Rugby

**DHL Newlands Stadium:
Karte H2; www.europlan-online.de**
Die »Springboks«, das Nationalteam Südafrikas, sind dreimalige Gewinner – 1995, 2007 und 2019 – des Rugby World Cup. Internationale Begegnungen werden im DHL Stadium, Heimat der Super-League-Mannschaft DHL Stormers und DHL-Western-Province-Spielstätte, ausgetragen.

Die Springboks in Aktion

2 Kajakfahren

**Kayak Cape Town: +27 65 707
4444; www.kayakcapetown.co.za**
Paddeln Sie an einem schönen Tag ab Simon's Town durch die False Bay und halten Sie Ausschau nach Pinguinen, Delfinen und Walen.

3 Golf

**Rondebosch Golf Club: Karte
H1; +27 21 689 4176; www.ronde
boschgolfclub.com** ■ **Steenberg Golf
Club: Karte H3; +27 21 715 0227;
www.steenberggolfclub.co.za**
Es gibt eine ganze Reihe Golfplätze in Kapstadt – die in Rondebosch und Steenberg zählen zu den besten.

4 Cricket

**Newlands Cricket Ground: Karte
H2; www.newlandscricket.com**
Der Newlands Cricket Ground ist Heimstätte der Cape Cobras – das Team hat schon viele international

erfolgreiche Spieler hervorgebracht. Hier finden auch One Day Internationals sowie T20- und Testspiele statt.

5 Hochseefischen

**Hooked on Africa: +27 21 790
5332; www.hookedonafrica.co.za**
■ **Big Blue Fishing Charters: +27 21
318 5985; www.bigbluefishing
charters.com**
Die Gewässer um die Kap-Halbinsel sind bei Hochseefischern vor allem als Thunfischgründe bekannt. Charterboote legen von Hout Bay oder von Simon's Town ab.

6 Strandreiten

**Horse Riding Cape Town: +27
76 251 8564; www.horseriding
capetown.com**
Die Weiten des sandigen Noordhoek Beach *(siehe S. 51)* laden zu ausgedehnten Ausritten ein. Die Betreiber von Horse Riding Cape Town veranstalten täglich drei Touren. Es gibt auch Unterricht für alle Alters- und Leistungsstufen.

7 Wandern

**Ridgway Ramblers: +27 82 522
6056; www.ridgwayramblers.co.za**
Für die Wanderwege, die die Schutzgebiete und Nationalparks am Kap durchziehen, braucht man nicht unbedingt einen Führer, bei anspruchsvollen Touren ist dies aber durchaus eine Überlegung wert.

Wanderer über der Hout Bay

Mountainbiker

8 Mountainbiken
Downhill Adventures: +27 21 422 0388; www.downhilladventures.com

In den Winelands können sich Radler austoben; auch in einigen Naturschutzgebieten gibt es Trails. Räder kann man fast allerorts mieten. Touren organisiert Downhill Adventures.

9 Surfen
Gary's Surf School: Muizenberg; +27 21 788 9839; www.garysurf.co.za

Westkap zählt zu den besten Surfgebieten der Welt. Die False Bay bietet bei Muizenberg beständige Bedingungen; Surfschulen stellen die Ausrüstung. Anspruchsvoller und weniger frequentiert ist die Atlantikküste.

10 Fußball
DHL Stadium: Karte N1; www.dhlstadium.co.za

Der südafrikanische Erstligist Cape Town City FC trägt seine Heimspiele im DHL Stadium aus, das für die Fußball-WM 2010 erbaut wurde.

Südafrikanische Sportikonen

1 Ernie Els
Der Golfer, besser bekannt als »Big Easy«, gewann bereits vier Major-Titel und zählt zur absoluten Weltspitze.

2 Kagiso Rabada
Bei der U19-Cricket-WM 2014 war Rabada der beste Spieler des südafrikanischen Teams und gewann mit diesem den Titel. Damit begann seine große Karriere.

3 Benni McCarthy
Der Fußballer schoss 32 Tore fürs Nationalteam Bafana bafana (1997–2012) – das ist südafrikanischer Rekord.

4 Francois Pienaar
Als Südafrika 1995 im Rugby auf heimischem Boden den Weltcup gewann, war Pienaar Kapitän der Mannschaft.

5 Liezel Huber
Die Tennisspielerin gewann zwischen 2005 und 2011 fünf Grand-Slam-Titel im Damen- und zwei im Mixed-Doppel.

6 Siya Kolisi
Der Rugbyspieler führte sein Team im WM-Finale 2019 zum Sieg.

7 Penny Heyns
Die Schwimmerin war 1996 die erste Frau, die olympisches Gold sowohl über 100 als auch über 200 Meter Brust holte.

8 Lucas Radebe
Der Fußballer war Teil der Mannschaft, die 1996 den Africa Nations Cup gewann, und auch Kapitän des Nationalteams.

9 Gary Player
Der Golfspieler zählt zu den besten aller Zeiten und hat sich weltweit auch als Platzdesigner einen Namen gemacht.

10 Caster Semenya
Bei den Olympischen Spielen in Rio de Janeiro 2016 holte die Läuferin Gold über 800 Meter.

Caster Semenya

🔟 Kinder

① World of Birds
Karte G2 ■ Valley Rd, Hout Bay
■ +27 21 790 2730 ■ tägl. 9–17 Uhr
■ Eintritt ■ www.worldofbirds.co.za
Im größten Vogelpark Südafrikas
leben über 400 einheimische und
exotische Arten, u. a. Papageien und
Bartvögel. Besucher können Statio-
nen des Vogellebens wie die Bebrü-
tung von Eiern und das Füttern der
Küken beobachten.

World
of Birds

② Cape Town Science Centre
Karte H1 ■ 370b Main Rd, Observatory
■ +27 21 300 3200 ■ Mo–Sa 9–
16.30 Uhr, Feiertage 10–16.30 Uhr
■ Eintritt ■ www.ctsc.org.za
Perfekt für einen Regentag: Über
250 interaktive Exponate halten hier
Kinder jeden Alters bei Laune. Die
Kleinen fahren gern mit der Miniatureisenbahn und bauen Wände aus
Schaumstoffziegeln, ältere Kinder
(und Erwachsene) reizen die saiten-
lose Harfe, Logikrätsel und eine

Runde mit dem Space-
curl. Ein Café serviert
Erfrischungen und kleine
Mahlzeiten.

③ Seilbahn auf den Tafelberg
Da die Besteigung des
Tafelbergs zu Fuß für die
meisten Kinder zu an-
strengend sein dürfte,
empfiehlt sich die Fahrt
mit der Seilbahn zum
Gipfel *(siehe S. 22)*. Die
Gondeln drehen sich um
360 Grad und bieten eine
spektakuläre Aussicht
auf Kapstadt und die Table Bay. Nach
der Ankunft oben können Sie sich in
einem Café entspannen.

④ Blue Train Park
Karte M1 ■ Beach Rd, Mouille
Point ■ +27 84 314 9200 ■ Sommer:
Di–Do 9.30–18.30 Uhr; Winter: Di–Do
12–18 Uhr; Fr–So 9.30–18.30 Uhr
■ Eintritt ■ www.thebluetrainpark.co.za
Zum Vergnügungsangebot des Frei-
zeitparks gehören Klettergerüste,
Hüpfburgen, eine Kletterwand, eine
sommerliche »Eislaufbahn« und na-
türlich die namensgebende Kinder-
eisenbahn, die unermüdlich ihre
Runden um die Anlage dreht – eine
Fahrt pro Person ist im Eintritt für
den Park enthalten.

Miniatureisenbahn im Blue Train Park

Sektion im Two Oceans Aquarium

⑤ Two Oceans Aquarium
Südafrikas renommiertestes Aquarium zeigt die Lebenswelt des kühlen Atlantiks und des wärmeren Indischen Ozeans. Kinder mögen vor allem die Robben, die Pinguine und die Rochen – kommen Sie zu den Fütterungszeiten. Im Kinderzentrum gibt es Puppentheater sowie Spiel- und Bastelecken *(siehe S. 14)*.

⑥ Imhoff Farm
Karte G4 ■ Kommetjie ■ +27 21 783 4545 ■ tägl. 9–19 Uhr ■ www.imhofffarm.co.za
Auf der restaurierten Farm aus dem 18. Jahrhundert tummeln sich diverse Bauernhoftiere. Eine Attraktion ist auch das Holzlabyrinth.

⑦ Iziko Planetarium
Unter der Kuppel des Planetariums im Company's Garden *(siehe S. 12f)* ist der Nachthimmel der südlichen Hemisphäre auch am Tag zu bestaunen. Für Kinder gibt es eigene Vorstellungen *(siehe S. 70)*.

⑧ Wild Clover Farm
Karte D2 ■ R304 (Richtung Stellenbosch) ■ +27 21 865 2219 ■ Mo 8–16 Uhr, Di, So 8–17 Uhr, Mi–Sa 8–22 Uhr ■ www.wildclover.co.za
Aktivitäten wie Touren durchs Wildgehege, Ponyreiten und Bogenschießen machen die Farm in den Winelands zum perfekten Familienziel. Es gibt ein Restaurant und Picknickplätze, auf die Großen warten eine Mikrobrauerei und ein Weinkeller.

⑨ Weingut Spier
Das nette Weingut hat auch Kindern viel zu bieten: Traubensaft-Verkostungen, eine ganze Reihe von Spielplätzen sowie eindrucksvolle Falknershows und die Möglichkeit, Greifvögel wie Wahlbergs- und Malaienadler aus der Nähe zu sehen *(siehe S. 92)*.

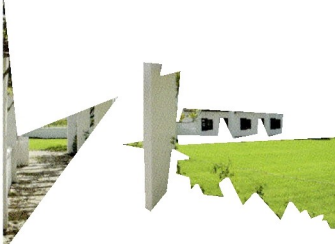

Kinderfreundliches Weingut Spier

⑩ Bike Park in Constantia Uitsig
Karte H2 ■ 3347 Spaanschemat River Rd, Constantia ■ +27 81 833 4488 ■ tägl. 9–17 Uhr ■ www.bikeparkatuitsig.co.za
Jede Menge Spaß bietet der Bike Park in Constantia Uitsig. Die weitläufige Anlage wurde von Chris Nixon, einem ehemaligen südafrikanischen Mountainbike-Champion, entworfen und gebaut. Geeignet ist der Bike Park für sämtliche Altersgruppen und Niveaus – von Kleinkindern auf Laufrädern über geübte Biker bis zu Profis.

🔟 Essen & Wein

Stil und Eleganz: Speiseraum im La Petite Colombe

1 La Petite Colombe
Das Restaurant der Spitzenklasse ist der richtige Ort für einen besonderen Anlass. Anspruchsvolle Gäste genießen die fünf- oder neungängigen Menüs aus vielfältigen regionalen Spezialitäten. Auch Vegetarier kommen hier auf ihre Kosten *(siehe S. 99).*

2 Den Anker
Eines der besten Lokale der V&A Waterfront serviert an einem kleinen Steg gute Weine und europäisches Bier zu hiesigem Seafood und belgischen Spezialitäten. Von den Tischen im Freien genießt man Blick auf die Seebären und die Boote im Hafen, der Tafelberg dient als Kulisse *(siehe S. 76).*

3 La Colombe
Auf dem Weingut Silvermist zaubert man im edlen Restaurant, einem der besten in ganz Kapstadt, aus regionalen Zutaten mehrgängige Menüs, die französische wie auch asiatische Einflüsse ahnen lassen. Für einen Tisch auf der Terrasse mit Blick auf Wald und Berge sollten Sie früh reservieren *(siehe S. 81).*

4 The Test Kitchen
Um in dem großartigen Restaurant, das vielen als das beste des gesamten afrikanischen Kontinents gilt, das Degustationsmenü zu genießen, muss man Monate im Voraus reservieren *(siehe S. 77).*

5 Kleine Zalze Restaurant
Die Gerichte mögen auf den ersten Blick simpel erscheinen, doch hier weiß man genau, wie die Aromen der saisonalen Zutaten am besten zur Geltung kommen. Während die Speisen zubereitet werden, hat der Gast Zeit, sich durch die erstklassigen Weine des Guts Kleine Zalze zu probieren *(siehe S. 98).*

6 Gold Restaurant
Das Restaurant zeigt sich ungeniert touristisch, doch wo hat man sonst die Gelegenheit, ein 14-gängi-

Afrikanische Gerichte, Gold Restaurant

ges Menü mit traditionellen Spezialitäten aus ganz Afrika zu genießen?
Musik und Tanz begleiten das Erlebnis und am Ende wird jeder Gast mit
echtem Gold bestäubt *(siehe S. 77).*

7 Jordan Restaurant
Küchenchef George Jardine
bringt auf dem Weingut moderne
Gerichte aus regionalen Zutaten auf
den Tisch – z. B. Springbock und Muscheln. Die Karte wechselt täglich.
Hohe Fenster bieten Blick auf Wein-
hänge und Berge *(siehe S. 98).*

8 Kloof Street House
Ein viktorianisches Haus im
Zentrum birgt eines der trendigsten
Lokale Kapstadts. Die moderne Einrichtung kontrastiert mit der historischen Umgebung. Der Schwerpunkt
liegt auf Wild, Meeresfrüchten und
vegetarischen Gerichten *(siehe S. 77).*

Im Kloof Street House

9 The Foodbarn
Zu seiner Zeit im La Colombe
inspirierte Küchenchef Franck Dangereux die besten Köche Kapstadts.
Nun hat er im Noordhoek Farm Village sein eigenes Lokal – freuen Sie
sich auf Köstlichkeiten mit französischer Note, herrliche Saucen und
exzellente offene Weine *(siehe S. 89).*

10 Boschendal-Picknick
Die Winelands schreien danach, irgendwo im Grünen ein Picknick und kühlen Wein zu genießen.
Das geht wohl nirgends besser als
auf Gut Boschendal, wo es fertige
Körbe voller lokaler Köstlichkeiten
und schöne Plätze gibt *(siehe S. 36).*

Spezialitäten Südafrikas

Bobotie

1 Bobotie
Rosinen geben dem kapmalaiischen
Klassiker aus Rinderhack und Safranreis,
überbacken mit einer Eiercreme, Süße.

2 Potjiekos
Dieser Eintopf aus Fleisch und Gemüse
wird in einem kleinen gusseisernen Topf
(potjie) über offenem Feuer gekocht.

3 Waterblommetjiebredie
Lamm und »Wasserblumen« (Afrikani-
sche Wasserähren) werden zu diesem
Eintopf.

4 Tamatiebredie
Der schmackhafte dicke Tomateneintopf
enthält saftiges Karoo-Lammfleisch.

5 Boerewors
Braai (Grillen) ist die beste Art, die würzi-
ge »Bauernwurst« zuzubereiten.

6 Malvapudding
Der niederländische Pudding wird mit
Aprikosenmarmelade gemacht und noch
warm gegessen.

7 Melktert
Das süße Puddingtörtchen entstammt
der niederländisch-malaiischen Küche.

8 Biltong
Die luftgetrockneten Streifen aus gesal-
zenem rohen Wild- oder Rindfleisch sind
ein würziger Genuss.

9 Pap 'n' Stew
Der Fleischeintopf, ein in Südafrika ver-
breitetes traditionelles Gericht, wird gern
mit Maisbrei *(mieliepap)* gegessen.

10 Koeksisters
»Kuchenschwestern« – das ist in sich
verdrehtes Schmalzgebäck mit
klebrig süßer Glasur,
das an Krapfen oder
Donuts erinnert.

Koeksisters

Preiskategorien siehe S. 77

TOP10 Kostenlose Attraktionen in Kapstadt & der Weinregion

Blick von der Oranjezicht City Farm

① Oranjezicht City Farm
Karte P6 ■ **Upper Orange Street, Oranjezicht** ■ **+27 83 508 1066** ■ **Mo – Sa 8 – 14 Uhr** ■ **www.ozcf.co.za**

Die alte Farm in den Hängen des Tafelbergs wird heute gemeinnützig betrieben. Die Bio-Erzeugnisse sind samstags am OZCF Market *(siehe S. 72f)* an der Granger Bay zu haben. Erkunden Sie die reizende Farm auf eigene Faust oder nehmen Sie für ein paar Rand an einer Führung teil.

② V&A Waterfront
Bei einem entspannten Bummel entlang der V&A Waterfront gibt es viel zu erleben. Robben tummeln sich im Hafen, Möwen ziehen ihre Kreise, das gesamte Areal ist voller historischer Sehenswürdigkeiten und Statuen. Nehmen Sie Platz auf einer der Bänke und lassen Sie die stimmungsvolle Szenerie auf sich einwirken *(siehe S. 14f)*.

③ Company's Garden
In dem herrlichen Stadtpark ist eine Menge gratis zu bewundern, z. B. die Vogelvoliere, die Fassade vom Amtssitz des südafrikanischen Präsidenten und eine ganze Reihe Denkmäler *(siehe S. 12f)*.

④ Küstenspaziergang von Muizenberg nach Kalk Bay
Der drei Kilometer lange Weg vom Bahnhof in Muizenberg *(siehe S. 85)* nach Kalk Bay *(siehe S. 87)* führt entlang der Küste. Baden Sie auf halber Strecke am Strand von St James, bummeln Sie durch die Läden von Kalk Bay und sehen Sie am Hafen Fischern und Seebären zu.

⑤ Stadtführungen
+27 76 636 9007 ■ **www.freewalkingtourscapetown.co.za**

City Sightseeing bietet neben Bustouren und Hafenrundfahrten *(siehe S. 46)* auch geführte Spaziergänge in reizvolle Stadtviertel an. Die Gratistouren dauern rund 90 Minuten und führen z. B. durch den Company's Garden, das bunte Bo-Kaap oder die Innenstadt samt Greenmarket Square und City Hall.

⑥ Tour auf den Lion's Head
Karte K6

Man braucht kein Geld für den Aufstieg zum 669 Meter hohen Gipfel, sollte aber in Form und schwindelfrei sein. Die ein- bis zweistündige Tour beinhaltet auch etwas Kletterei.

Auf dem Lion's Head

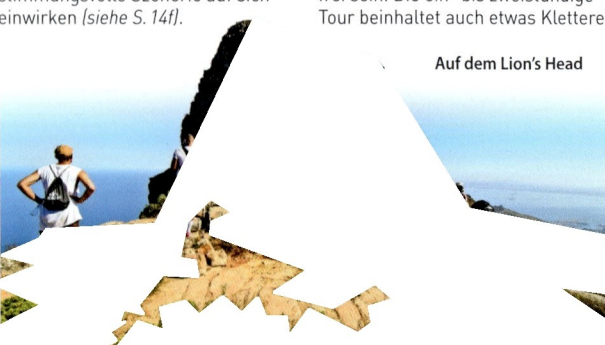

7 Noon Gun

Gehen Sie von Bo-Kaap aus auf den Signal Hill *(siehe S. 70)*, stellen Sie sich hinter die Sicherheitslinie und sehen Sie zu, wie die Kanone mit lautem Knall verkündet, dass Mittag ist. Der Brauch wird seit 1806 täglich praktiziert – nur einmal, im Jahr 2005, musste der Schuss wegen technischen Defekts ausfallen.

8 Green Point Urban Park

Der schöne Park in Ufernähe lockt zum Spazierengehen, Radeln oder Picknicken. Hier können sich Kinder und Erwachsene austoben. Bewundern Sie heimische Pflanzen und moderne Skulpturen, beobachten Sie Vögel oder wagen Sie sich ins Heckenlabyrinth *(siehe S. 70)*.

Green Point Urban Park

9 Kunst in Woodstock
Karte H1

Der einstige Industrie- und Arbeitervorort hat sich zum künstlerischen Trendviertel gemausert – voller Galerien, Boutiquen, Mikrobrauereien und -destillen. In Woodstock finden sich eine ganze Reihe Wandbilder mit politischen, kulturellen oder umweltthematischen Inhalten.

10 Woodstock Cave

Diese Höhle ist eine der größten auf dem Tafelberg. Sie erstreckt sich hinter einem langen horizontalen Riss etwa auf halber Höhe des Devil's Peak. Wandern Sie zur Höhle hinauf und genießen Sie von dort einen herrlichen Blick über Kapstadt, Lion's Head und Table Bay.

Kapstadt für wenig Geld

Unterhaltung am Hafen

1 An der V&A Waterfront gibt es rund ums Jahr kostenlose Konzerte, im Sommer auch im De Waal Park in Gardens.

2 Bei einem Besuch im Winter (Mai – Aug) spart man bei Flug, Unterkunft und Eintrittspreisen.

3 Besitzer einer GoCard (www.gocards. co.za) erhalten freien oder ermäßigten Eintritt bei zahlreichen Attraktionen.

4 Die Website EatOut (www.eatout.co. za) informiert über Tagesangebote der Restaurants von Kapstadt.

5 Viele Museen bieten an bestimmten Gedenktagen freien Eintritt. Iziko (www. iziko.org.za) führt eine Liste.

6 Öffentliche MyCiTi-Busse *(siehe S. 108)* bieten nahezu die gleiche Aussicht wie Busse von City Sightseeing, aber billiger.

7 Bewahren Sie Kassenbons größerer Einkäufe auf – die Mehrwertsteuer gibt's bei der Ausreise vielleicht zurück.

8 Das kostenlose Reisemagazin *Coast to Coast* enthält oft diverse Rabattmarken.

9 Wer Tickets für Sehenswürdigkeiten online kauft, fährt meist billiger.

10 Weinkellereien bieten für eine kleine Gebühr Verkostungen an, bei denen man nicht zwingend kaufen muss.

Weinprobe mit Häppchen

TOP 10 Festivals & Veranstaltungen

1 Kaapse Klopse
2. Jan

Beim auch als Cape Town Minstrel Festival bekannten Fest, das als *tweede nuwe jaar* (Zweites Neujahr) begangen wird, treten zahlreiche bunt gekleidete Sänger und Gesangsgruppen auf und werden dabei von Trommeln begleitet. Es macht Spaß, bei den Auftritten zuzusehen.

2 Maynardville Open-Air Festival
Ende Jan – Feb ▪ www.maynardville.co.za

Das Festival ist für seine Aufführungen von Shakespeare-Stücken bekannt und umfasst auch Konzerte, Ballett und Stand-up-Comedy-Shows.

Zwei »Kaapse Klopse«

3 Stellenbosch Wine Festival
Karte D2 ▪ Coetzenburg Sports Grounds ▪ Feb ▪ www.winetown.wineroute.co.za

Das dreitägige Fest, bei dem über 500 Weinsorten vom Kap präsentiert werden, lockt Weinliebhaber nach Stellenbosch *(siehe S. 34f)*. Geboten sind Weinseminare, gutes Essen, Workshops und Kinderunterhaltung.

4 Cape Town Pride Festival
Feb/März ▪ www.capetownpride.org

Kapstadts größtes LGBTQ+ Festival gibt es seit 2001. Am Pride Parade Day finden ein Umzug, Dragshows, Modenschauen und eine riesige Party statt. Zudem beinhaltet das zweiwöchige Event Schönheitswettbewerbe, Filmvorführungen und mehr.

5 Cape Town Carnival
Karte P2 ▪ Somerset Rd, Green Point ▪ Mitte März ▪ +27 21 406 3584 ▪ www.capetowncarnival.com

Den ganzen Tag über werden fünf verschiedene 30-minütige Shows gezeigt. Kostümierte Gruppen präsentieren Tanz, Musik, Kunst und mehr.

6 Cape Town International Jazz Festival
letztes Märzwochenende ▪ +27 21 671 0506 ▪ www.capetownjazzfest.com

Über 40 der besten heimischen und internationalen Künstler zieht es jedes Jahr zu Afrikas größtem Jazzfestival ins Cape Town International Convention Centre (CTICC), wo zwei Abende lang auf fünf Bühnen tolle Musik gemacht wird.

Oude Libertas Summer Season Festival

Karte D2 ■ Stellenbosch ■ Okt – März
■ +27 21 809 7380

Das Programm des Musikfestivals auf dem historischen Anwesen in Stellenbosch *(siehe S. 34f)* reicht von Kammermusik über Jazz bis zu *boeremusiek* (afrikaanser Folk).

Cape Town Festival of Beer

Karte N1 ■ Hamilton Rugby Club, Green Point ■ Ende Nov ■ www.hamiltonrfc.co.za

Bierliebhaber freuen sich auf das dreitägige Festival, bei dem Mikrobrauereien und die großen Marken ihre Erzeugnisse präsentieren.

Kirstenbosch Summer Sunset Concerts

 Kirstenbosch Summer Sunset Concerts

Karte H2 ■ Rhodes Dr, Newlands ■ Nov – Apr ■ +27 21 799 8783 ■ www.sanbi.org/event_cat/kirstenbosch

Die Open-Air-Popkonzerte im Kirstenbosch National Botanical Garden *(siehe S. 26f)* sind beliebt. Ticketpreise richten sich nach den Events.

 Franschhoek Cap Classique & Champagne Festival

Karte F2 ■ Anfang Dez ■ www.franschhoekmcc.co.za

An Franschhoeks Hugenotten-Denkmal *(siehe S. 37)* feiert man heimische Schaumweine – Restaurants sorgen für adäquate Begleitung.

Sportevents

Wettkämpfer beim ABSA Cape Epic

1 L'Ormarins Queen's Plate
Bei dem Pferderennen am Kenilworth Racecourse im Januar geht es nicht zuletzt auch um die gute Bewirtung.

2 Cape Metropolitan Stakes
Die schicke Veranstaltung auf dem Kenilworth Racecourse im Januar ist ein Mix aus Pferderennen und Modenschau.

3 Quench Cape Town 10s
Bei den dreitägigen Wettbewerben im Hockey, Fußball und Laufen im Februar gibt es auch Bierzelte und Livemusik.

4 Discovery World Triathlon Cape Town
Der zweitägige Wettkampf im März, Teil der World Triathlon Series, lockt Profis und Amateure nach Kapstadt.

5 ABSA Cape Epic
Bei dem siebentägigen Mountainbikerennen durch die Winelands im März treten die Radler in Zweierteams an.

6 Cape Town Cycle Tour
Beim größten Radrennen Südafrikas wagen sich jeden März 35 000 Teilnehmer auf die 109 Kilometer lange Strecke.

7 Old Mutual Two Oceans Marathon
Der Ultramarathon über 56 Kilometer findet immer an Ostern statt und gilt als der schönste der Welt.

8 Three Peaks Challenge
Der traditionsreiche Berglauf im November beinhaltet die Gipfel von Devil's Peak, Tafelberg und Lion's Head.

9 The Colour Run
Das Wichtigste an dem Fünf-Kilometer-Lauf im November ist das Bad in Farbpulver und die Party danach.

10 The Twilight Team Run
Der spaßige vier Kilometer lange kostümierte Lauf bzw. Spaziergang im Dezember dient wohltätigen Zwecken.

Regionen

Blick von Bloubergstrand auf Table Bay und Tafelberg

🔟 Zentrum von Kapstadt

Das historische Zentrum der ältesten Stadt Südafrikas begrenzen Table Bay im Norden und Tafelberg im Süden. Zwischen der auch City Bowl genannten Innenstadt und den Vororten an der Atlantikküste thront der Signal Hill. Historische Gebäude, Museen, Theater, Restaurants und Clubs machen Kapstadt zum bedeutenden kulturellen Zentrum.

Blick auf Kapstadt

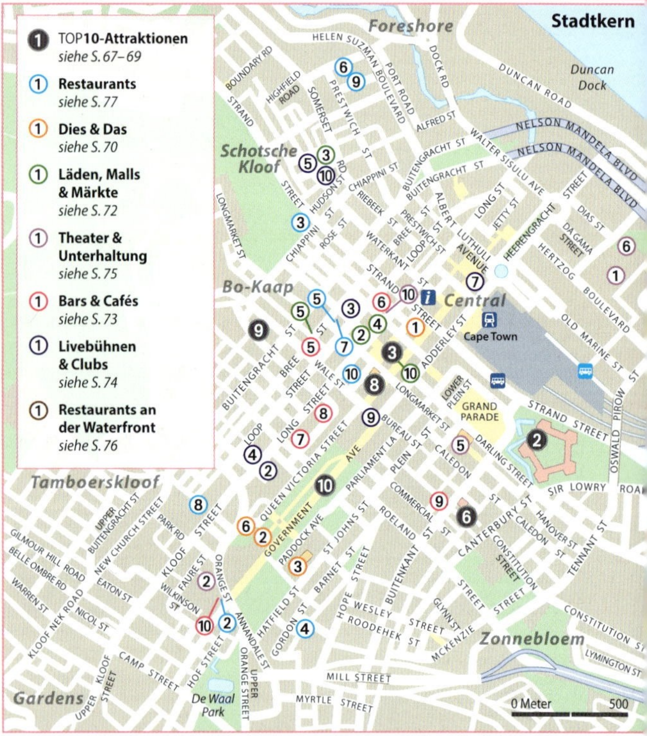

Stadtkern

- ❶ **TOP10-Attraktionen**
  siehe S. 67–69
- ① **Restaurants**
  siehe S. 77
- ① **Dies & Das**
  siehe S. 70
- ① **Läden, Malls & Märkte**
  siehe S. 72
- ① **Theater & Unterhaltung**
  siehe S. 75
- ① **Bars & Cafés**
  siehe S. 73
- ① **Livebühnen & Clubs**
  siehe S. 74
- ① **Restaurants an der Waterfront**
  siehe S. 76

1 Tafelberg

Zum Plateau des Tafelbergs fährt eine Seilbahn mit rotierenden Kabinen, die rundum Sicht auf Kapstadts Zentrum und zu den Hottentots-Holland-Bergen bieten. Oben kann man dann auf vielen Fußwegen die Fynbosvegetation erkunden. Maclear's Beacon, der mit 1087 Metern höchste Punkt des Tafelbergs, ist von der Gipfelstation in einer knappen Stunde zu erreichen. Abenteuerfreudige wagen sich an die 112 Meter lange Abseilstrecke an der Westflanke *(siehe S. 22f)*.

2 Castle of Good Hope

Der älteste Bau Kapstadts, eine 1666–79 an der Table Bay errichtete Festung der VOC (Vereenigde Oostindische Compagnie), ist

Wache am Castle of Good Hope

noch sehr gut erhalten, steht aber nach Landgewinnungsmaßnahmen nicht mehr direkt am Meer. Steinmetzarbeiten am Glockenturm und ein Basrelief von Anton Anreith über dem De-Kat-Balkon lockern die strenge Anlage aus Sandstein und Schiefer auf. Die Burg beheimatet ein Militärmuseum und eine Kunstsammlung *(siehe S. 20f)*.

3 Greenmarket Square
Karte P4

Der kopfsteingepflasterte Platz im Herzen der Altstadt diente der Niederländischen Ostindien-Kompanie als Sklavenmarkt *(siehe S. 40)* und wurde später als Obst- und Gemüsemarkt genutzt – daher der Name. In den 1950er Jahren funktionierte man das Areal zum Parkplatz um, heute ist der malerische, von historischen Gebäuden und netten Cafés und Restaurants umgebene Platz Heimat eines beliebten panafrikanischen Kunsthandwerksmarkts und vieler Straßenkünstler.

5 V&A Waterfront

Victoria Wharf
Shopping Centre **5**

Victoria Basin

BEACH RD

PORTSWOOD ROAD

DOCK ROAD

Alfred Mall

Dreh-brücke

The Watershed

Alfred Basin

CLOCK TOWER PRECINCT

Nelson Mandela Gateway

Two Oceans Aquarium

New Marina

WEST QUAY ROAD

Zeitz MOCAA

0 Meter   200

Zentrum

Robben Island (13 km)

Green Point

Siehe obere Karte V&A Waterfront

Signal Hill

Siehe linke Karte Stadtkern

Paarden Eiland

Sea Point

Clifton

Oranjezicht

Salt River

Rosebank

Tafelberg

Bakoven

0 km   2

Pause am Greenmarket Square

(4) Beach Road
Karte K3

Die Straße, die durch die westlichen Viertel Green Point und Sea Point führt, passiert einen reizvollen Abschnitt der Atlantikküste. Die grüne Promenade zwischen Straße und Meer nutzen Anwohner zum Joggen, Spazierengehen und Hundeausführen. Bei Sonnenuntergang ist es hier besonders schön. Der Leuchtturm in Green Point ist Südafrikas ältester.

Green Point Lighthouse, Beach Road

(5) V&A Waterfront
Das rundérneuerte Hafenviertel ist Kapstadts größtes Shoppingareal. Hunderte Läden – von internationalen Ketten bis zu originellen Kunsthandwerkshops – reihen sich zwischen unzähligen Restaurants und Urlauberattraktionen wie dem Nelson Mandela Gateway. Diverse Veranstalter bieten Hafenrundfahrten oder Helikopterflüge über den Tafelberg an *(siehe S. 14f)*.

Khoisan

Vor der Gründung Kapstadts durch Jan van Riebeeck im Jahr 1652 *(siehe S. 40)* war die westliche Kapregion über Jahrtausende von Khoisan sprechenden Völkern besiedelt gewesen – nur 200 Jahre später waren sie nahezu ausgestorben: Einige fielen Krankheiten, andere den Gewehren der Siedler zum Opfer. Der Rest wurde Teil der multiethnischen Gruppe der »Kap-Farbigen« (Cape Coloureds).

(6) District Six Museum
Das Museum widmet sich dem in der Zeit der Apartheid *(siehe S. 40f)* zerstörten District Six. Die Buitenkant Methodist Church, die es birgt, war ein Zentrum der Anti-Apartheid-Bewegung und musste 1988 schließen. Ein großer, mit Anmerkungen versehener Plan des Viertels zu dessen multikultureller Blütezeit ist Herzstück der Ausstellung, deren Exponate den grausamen Rassismus bezeugen, der das Land fast ein halbes Jahrhundert lang beherrschte *(siehe S. 18f)*.

(7) Camps Bay
Karte G1

Bei dem wunderschön zwischen Berg und Meer gelegenen Vorort geht Kapstadts Atlantikufer in die unberührte Küstenlandschaft der Kap-Halbinsel über. Camps Bay besitzt einen der schönsten Strände am Kap. Mehrere Restaurants und Bars säumen das Wasser.

Camps Bay an der Atlantikküste

⑧ Old Town House
Karte P4 ■ Greenmarket Square
■ +27 21 481 3933 ■ tägl. 9–16 Uhr
■ Eintritt ■ www.iziko.org.za

Das schön restaurierte Old Town House wurde 1755 errichtet und diente bis 1905 als Rathaus. Es zählt zu den bedeutendsten architektonischen Juwelen der Stadt. Mit dem dreibogigen Säulenvorbau und dem hübschen Glockenturm ist es ein grandioses Beispiel für den frühen Rokokostil der Kapregion. Es beherbergt die Michaelis-Sammlung niederländischer und flämischer alter Meister aus dem 16. bis 18. Jahrhundert, die der Stadt 1914 von Sir Max Michaelis vermacht wurde.

Bunte Häuser in Bo-Kaap

⑨ Bo-Kaap
Karte P4

Das lebhafte Viertel »Über dem Kap« entstand als Siedlung von Kapmalaien – noch immer die Mehrheit der Bewohner – und ist für die fotogenen bunten Häuser bekannt, hat aber auch ein tolles Museum *(siehe S. 43)*. Das Beste ist allerdings die traditionelle kapmalaiische Küche, die man hier genießen kann. Kosten Sie die hiesige Version von *koeksisters (siehe S. 59)* oder nehmen Sie an einem Kochkurs teil.

⑩ Company's Garden
Der 1652 als Nutzgarten für die Versorgung der in der Table Bay ankernden VOC-Schiffe angelegte Park ist auch botanischer Garten. Er liegt im Zentrum der sogenannten Museumsmeile vor der Kulisse des Tafelbergs und lädt zum Entspannen und Flanieren ein *(siehe S. 12f)*.

Spaziergang

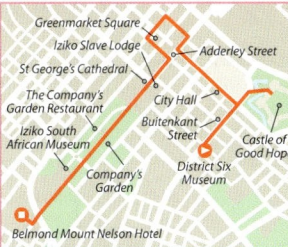

▶ **Vormittags**

Gleich nach dem Frühstück besuchen Sie das **District Six Museum** mit seiner ergreifenden Ausstellung, dann geht es entlang der **Buitenkant Street** zum **Castle of Good Hope** *(siehe S. 20f)*. In der Burg können Sie sich um 11 Uhr einer Führung anschließen, um 12 Uhr das Abfeuern der Kanone beobachten und die Museen besuchen. Danach werfen Sie einen Blick auf die **City Hall**, wo Nelson Mandela 1990 seine erste Rede nach der Haftentlassung hielt *(siehe S. 21)*. Anschließend führt die Route durch die **Adderley Street**, die wichtigste Shopping-Meile der Stadt. Auf dem Weg zum **Company's Garden** lohnt sich noch ein Abstecher zum Kuriositätenmarkt am **Greenmarket Square**. Falls Sie noch nicht gegessen haben, bietet sich hier bei schönem Wetter **The Company's Garden Restaurant** *(siehe S. 12)* gegenüber dem Vogelhaus an, das nachzuholen.

Nachmittags

Flanieren Sie nun ein wenig durch den Park und besuchen Sie **Iziko Slave Lodge**, **St George's Cathedral** und **Iziko South African Museum** *(siehe S. 13)*. An trüben Tagen empfiehlt sich auch ein Aufenthalt im **Iziko Planetarium** *(siehe S. 70)*, um einen Blick in den Sternenhimmel zu werfen. Sollten Sie Hunger verspüren, spazieren Sie zum **Belmond Mount Nelson Hotel** *(siehe S. 114)* – bis 17.30 Uhr kann man dort das Teebüfett genießen –, bevor Sie in Ihr Hotel zurückkehren.

Siehe Karte S. 66f

Dies & Das

① St George's Mall
Karte Q4

Die Fußgängerzone im Herzen der Altstadt ist stets voller betriebsamer Marktstände und Straßenmusiker.

② Iziko South African Museum

Die Ausstellungen des staatlichen Museums widmen sich überwiegend der Naturgeschichte, umfassen aber auch prähistorische Felszeichnungen *(siehe S. 13 & S. 42)*.

③ South African Jewish Museum
Karte P6 ▪ 88 Hatfield St ▪ +27 21 465 1546 ▪ So–Do 10–17 Uhr, Fr 10–14 Uhr ▪ Eintritt ▪ www.sajewishmuseum.co.za

Das faszinierende Museum in der ältesten Synagoge Südafrikas dokumentiert die Geschichte der jüdischen Bevölkerung.

④ Green Point Urban Park
Karte M1 ▪ tägl. 7–19 Uhr

In dem Park – Teil eines städtebaulichen Projekts rund um das Fußballstadion *(siehe S. 55)* von 2010 – kann man sich allen möglichen Freizeitaktivitäten hingeben. Zum Green Point Lighthouse ist es nicht weit.

⑤ Signal Hill
Karte M3

Der Aufstieg (oder die Fahrt) auf den Hügel lohnt sich wegen der schönen Aussicht – bei Sonnenuntergang funkelt der Atlantik besonders reizvoll.

Signal Hill

⑥ Iziko Planetarium
Karte P5 ▪ 25 Queen Victoria St ▪ +27 21 481 3900 ▪ tägl. Shows ▪ Eintritt ▪ www.iziko.org.za

Die Vorführungen präsentieren den südlichen Nachthimmel, wie er sich z. B. in der Karoo in natura zeigt.

⑦ Lion's Head

Den Gipfel erreicht man im Rahmen einer anstrengenden Tour, ein Teil der Route führt über Leitern. Die fantastische Aussicht ist allerdings die Mühe des Aufstiegs wert – vor allem bei Sonnenuntergang *(siehe S. 60)*.

⑧ Clifton Beaches
Karte A2

Der dem Stadtzentrum nächstgelegene Strand – streng genommen sind es vier Strände – ist an Wochenenden gut besucht *(siehe S. 51)*.

Weißer Sandstrand in Clifton

⑨ Church Square
Karte Q5 ▪ Adderley Street

Im Westen des von stattlichen Gebäuden gesäumten Platzes steht die Groote Kerk, die älteste Kirche des Landes. Ein Denkmal erinnert an die einstige Rolle als Sklavenmarkt.

⑩ Iziko Maritime Centre
Karte P1 ▪ Union-Castle House, Dock Road ▪ +27 21 405 2880 ▪ tägl. 10–17 Uhr ▪ Eintritt ▪ www.iziko.org.za

Die Ausstellung zur Geschichte der Schifffahrt in der Table Bay präsentiert Modelle und Fotografien aus der Ära der Postschiffe.

Organisierte Touren & Tagesausflüge

Pinguine am Boulders Beach

① Cape Peninsula Day Tour

Ausflüge nach Cape Point schließen meist einen Besuch der Pinguinkolonie am Boulders Beach ein.

② Cape Kayak Adventures
Karte M1 ■ 179 Beach Rd, Mouille Point ■ +27 83 346 1146 ■ www.kayak.co.za

Die geführte Kajaktour beginnt in der Three Anchor Bay und führt entlang der Sea Point Promenade (siehe S. 53). Genießen Sie Blicke auf Lion's Head und Signal Hill und beobachten Sie Delfine, Wale und Seevögel.

③ City Sightseeing

Die offenen Tourbusse des Anbieters fahren die Hauptsehenswürdigkeiten der Stadt ab, bringen Sie aber auch über die Halbinsel und bis Cape Point.

④ Weinproben

Organisierte Ausflüge ab Kapstadt, Stellenbosch oder Franschhoek bieten gute Gelegenheit, auf verschiedenen Gütern der Winelands Verkostungen zu genießen.

⑤ District Six & Townships

Auf Touren zum District Six Museum, nach Bo-Kaap und in die Townships Langa und Khayelitsha isst man meist in einem charakteristischen Lokal oder einer *shebeen* (Bar) zu Mittag.

⑥ Robben Island

Die Bootsfahrt vom Nelson Mandela Gateway nach Robben Island mit der Führung durch das Gefängnis ist wohl der bei Kapstadt-Besuchern beliebteste Tagesausflug (siehe S. 16f).

⑦ Wal- & Delfinbeobachtungstouren

Bei Ausflügen in die Table Bay, die man an Kiosken entlang der V&A Waterfront (siehe S. 14f) buchen kann, sollte die See nach Möglichkeit ruhig sein (siehe S. 46).

⑧ Duiker Island

Die Felseninsel (siehe S. 46) ist ein beliebter Ort für Bootsausflüge von Hout Bay aus. Hier kann man eine reiche Fauna – u. a. Seebären und Seevögel – beobachten.

⑨ Inverdoorn Game Reserve
Karte V3 ■ über R46 ■ +27 21 422 0013 ■ www.inverdoorn.com

Zur Tierwelt des Reservats in der eindrucksvollen Karoo gehören auch Breitmaulnashörner (siehe S. 47).

Giraffen im Inverdoorn Game Reserve

⑩ Table Mountain Day Hike
Hike Table Mountain ■ +27 83 683 1876 ■ www.hiketablemountain.co.za

Wanderer schätzen die Routen, die der Tafelberg zu bieten hat. Kundige Begleitung, wie sie der Veranstalter Hike Table Mountain bietet, ist bei unsicherer Witterung zu empfehlen.

Siehe Karte S. 66f

Läden, Malls & Märkte

① V&A Waterfront
Das hübsche Hafenviertel bietet wunderbares Flair sowie eine unvergleichliche Auswahl an Läden, Bars und Restaurants *(siehe S. 14f)*.

② Pan African Market
Karte Q4 ▪ 76 Long St ▪ Tsidi: +27 84 959 4557; Isaac: +27 82 255 4204 ▪ Mo–Fr 8.30–17.30 Uhr, Sa 8.30–13.30 Uhr ▪ www.panafrican.co.za
Diese Markthalle in einem alten viktorianischen Gebäude bietet Kunsthandwerk aus ganz Afrika.

Maske am Pan African Market

③ Cape Quarter
Karte P3 ▪ 27 Somerset Rd ▪ +27 21 421 1111 ▪ www.cape quarter.co.za
Das edle Shoppingcenter im trendigen Viertel De Waterkant beherbergt auf Kunsthandwerk und Schmuck spezialisierte Läden sowie mehrere Restaurants und Cafés.

④ Long Street
Karte P5
Eine Reihe von Kult-, Handwerks- und Secondhandläden sorgen hier für ein rundum entspanntes Shoppingerlebnis.

⑤ Bree Street
Karte P4
Die hippe Bree Street bietet u. a. Wohnaccessoires und Lifestyle-Läden sowie Kunstgalerien und gemütliche Cafés.

⑥ The Neighbourgoods Market
Karte H1 ▪ 373 Albert Rd, Woodstock ▪ Sa 9–16 Uhr , So 10–16 Uhr ▪ www.neighbourgoodsmarket.co.za
Trendbewusste Kapstädter zieht es samstags auf den schönen, schwer angesagten Lebensmittelmarkt an der wiederbelebten Old Biscuit Mill.

⑦ Milnerton Flea Market
Karte B2 ▪ +27 21 551 7879 ▪ Sa 8–14 Uhr, So 8–15 Uhr ▪ capemarkets.co.za/markets/milnerton-flea-market
Der Flohmarkt lockt mit einem kunterbunten Angebot und einigen Schnäppchen.

⑧ OZCF Market
Karte P1 ▪ Beach Road, Granger Bay ▪ Sa 8.15–14 Uhr, So 9–14 Uhr
Frisches Brot, feiner Käse und Fleisch aus Freilandhaltung komplettieren das Bioangebot von der Oranjezicht City Farm *(siehe S. 60)*.

⑨ The Woodstock Exchange
Karte H1 ▪ 66–68 Albert Rd, Woodstock ▪ +27 21 486 5999 ▪ www.woodstockexchange.co.za
Junge Designer, Künstler und andere Kreative verkaufen hier ihre einfallsreichen Schöpfungen.

The Woodstock Exchange

⑩ Greenmarket Square
Der Platz ist Heimat des ältesten Flohmarkts der Stadt und äußerst lebendig. Das bunte Angebot umfasst afrikanisches Kunsthandwerk sowie folkloristische Kleidung und Schmuck *(siehe S. 67)*.

Bars & Cafés

Bascule Bar

1 Bascule Bar
Karte Q2 ■ Hotel Cape Grace, West Quay Road ■ +27 21 410 7082
Die Hotelbar an der V&A Waterfront bietet neben gutem Bier vom Fass und einer tollen Weinkarte die größte Whisky-Auswahl im Land und veranstaltet auch Verkostungsabende.

2 Devil's Peak Taproom
Karte H1 ■ 150 Cecil Rd, Salt River ■ +27 21 201 1401
Das Pub serviert Biere der Devil's Peak Brewing Company. In der hauseigenen Brauerei können Gäste den Brauern bei der Arbeit zusehen.

3 Mitchell´s Scottish Ale House
Karte Q1 ■ East Pier Ecke Dock Rd, V&A Waterfront ■ +27 21 419 5074
Nackte Ziegelwände und raues Holz charakterisieren die kleine Bar, die für gutes Bier, leckere Cocktails und regelmäßige Livemusik bekannt ist.

4 Grand Café & Beach
Karte P1 ■ Haul Road, Granger Bay ■ +27 21 425 0551
Die Terrasse am hauseigenen Strand bietet umwerfenden Blick aufs Meer.

5 The Gin Bar
Karte P4 ■ 64a Wale St ■ +27 71 241 2277
Die Bar im Hinterhof einer Chocolaterie schenkt Gin und auf Gin basierende Cocktails aus. Die Spirituosen stammen aus kleinen Destillerien.

6 Sky Bar & Daddy Cool
Karte P4 ■ Hotel Grand Daddy, 38 Long St ■ +27 21 207 8888
Wie der Name andeutet, findet sich die Sky Bar auf der Dachterrasse des Hotels, zu dessen Unterkünften auch Wohnwagen zählen. Die Daddy Cool Bar im Erdgeschoss präsentiert sich in trendigem Edelkitsch.

7 Beerhouse
Karte P5 ■ 223 Long St ■ +27 79 369 8990
Hier ist in angenehm entspannter Atmosphäre die wohl größte Bierauswahl Kapstadts zu genießen.

8 Souk
Karte P4 ■ 163 Long St ■ +27 60 682 6894
Das Lokal bietet köstliche Tapas und kreative Cocktails. Vom Balkon blickt man auf die Long Street.

9 Truth Coffee
Karte Q5 ■ 36 Buitenkant St ■ +27 207 7000
Kapstadts coolste Cafébar steht für »Steampunk Style« und höchsten Kaffeegenuss.

10 Planet Bar
Karte P6 ■ 76 Orange St ■ +27 21 483 1000
In der Bar des Belmond Mount Nelson Hotel *(siehe S. 114)* trifft man sich nach der Arbeit auf einen Drink. Es gibt auch Tische im Freien mit Blick auf blitzsaubere Grünanlagen.

Siehe Karte S. 66f

Livebühnen & Clubs

Gäste im weiträumigen MOJO Market

① MOJO Market
Karte K4 ■ 30 Regent Rd,
Sea Point ■ www.mojomarket.co.za
Der aufregende tägliche Indoor-
Markt im Herzen von Sea Point
lockt mit Essensständen, Bars und
kostenloser Livemusik.

② The Waiting Room
Karte R1 ■ 273 Long St
■ +27 82 425 7732
Die angesagte Rooftopbar über der
Royale Eatery bietet regelmäßig
DJ-Abende und Livemusik.

③ Coco
Karte P4 ■ 70 Loop St ■ +27 72
673 6869 ■ www.cococpt.co.za
Reservieren Sie für den Besuch des
schicken Clubs, der House, Hip-Hop,
R & B und Trance im Programm hat.

④ Afro Life Petro's Kitchen
Karte P5 ■ 230 Long St ■ +27 67 272
1964 ■ www.petrokitchen.co.za
Diese einzigartige afrikanische
Location (Bar und Restaurant)
serviert zu Livemusik eine gute Auswahl an Speisen und Getränken.

⑤ The Piano Bar
Karte P3 ■ 47 Napier St,
De Waterkant ■ +27 21 007 5212
■ www.thepianobar.co.za
Die Bar bietet zur musikalischen
Revue feine Cocktails und köstliche
Tapas – und eine tolle Rundum-
Terrasse.

⑥ Dizzy's
Karte G1 ■ 41 The Drive,
Camps Bay ■ +27 21 438 2686
■ www.dizzys.co.za
Irgendwas ist hier immer geboten:
Karaoke, Beer-Pong-Wettbewerbe
oder Konzerte.

⑦ The House of Machines
Karte P4 ■ 84 Shortmarket St
■ +27 21 426 1400
Die kleine Bar ist bekannt für ihre
Cocktails und Craftbeers. Regel-
mäßig treten hier Bands auf.

⑧ Alma Cafe
Karte H1 ■ 20 Alma Rd
Rosebank ■ +27 21 685 7377
■ www.almacafe.co.za
Auch wenn es etwas außerhalb des
Zentrums liegt, ist das Alma Café am
Mittwochabend einen Besuch wert –
wenn zum Burger- und Bierabend
Livemusik auf dem Programm steht.

⑨ The Crypt Jazz Restaurant
Karte P4 ■ 1 Wale St ■ +27 63 680 6806
Das Restaurant in der Krypta der
St George's Cathedral bietet Livejazz
zum wechselnden Dinnermenü.

⑩ Cafe Manhattan
Karte Q4 ■ 74 Waterkant St,
De Waterkant ■ +27 21 421 6666
■ www.manhattan.co.za
Das Cafe ist eine der ältesten Gay-
Bars in Kapstadt. Gäste kommen
zum Essen, Plaudern und Chillen.

→ Siehe Karte S. 66f

Theater & Unterhaltung

(1) Artscape Theatre Centre

Karte R4 ▪ D. F. Malan St ▪ +27 21 410 9800 ▪ www.artscape.co.za

Kapstadts bedeutendste Bühne für darstellende Kunst präsentiert Oper, Ballett und Cabaret.

(2) Labia Cinema

Karte P6 ▪ 68 Orange St ▪ +27 21 424 5927 ▪ www.thelabia.co.za

Das nach Prinzessin Labia benannte Programmkino zeigt vorzugsweise Filme mit Anspruch.

(3) The Armchair Theatre

Karte H1 ▪ 135 Lower Main Rd, Observatory ▪ www.ourarmchair.co.za

Das Theater ist für Livemusik und Comedy-Shows bekannt und präsentiert auch Filmfestivals und Ausstellungen. Viele Gäste essen vor den Veranstaltungen im hauseigenen Restaurant.

(4) Stardust

Karte R5 ▪ 118 Sir Lowry Rd, Woodstock ▪ +27 21 462 7777 ▪ www.stardustcapetown.com

Das Servicepersonal des Cabaretclubs hüpft zwischen den Dinnergängen auf die Bühne, um bekannte Songs zum Besten zu geben.

(5) City Hall

Karte Q5 ▪ Darling Street ▪ +27 21 001 0093 ▪ www.cpo.org.za

Das goldfarbene Rathaus im Stil der italienischen Renaissance ist Hauptspielstätte des Cape Philharmonic Orchestra.

(6) Zip Zap Circus

Karte R4 ▪ Jan Smuts Street ▪ +27 21 421 8622 ▪ www.zip-zap.co.za

Die Zirkusschule finanziert mit ihren Vorstellungen Sozialprojekte.

(7) Theatre on the Bay

Karte G1 ▪ 1a Link Rd, Camps Bay ▪ +27 21 438 3301 ▪ www.pietertoerien.co.za

Stand-up-Comedy, Musicals und Burlesken stehen auf dem Programm des reizenden Theaters.

(8) Magnet Theatre

Karte H1 ▪ Lower Main Road, Observatory ▪ +27 21 448 3436 ▪ www.magnettheatre.co.za

Das Haus bietet neben Theater und Tanz auch Programme zur Förderung sozialer Kompetenzen. Viele Darsteller sind hiesige Studenten.

(9) Baxter Theatre

Karte H1 ▪ Main Road, Rondebosch ▪ +27 21 685 7880 ▪ www.baxter.co.za

Die Bühne – seit Langem eine der innovativsten der Stadt – präsentiert neben konventionellen Produktionen auch anspruchsvollere Stücke.

(10) Pink Flamingo Rooftop Cinema

Karte P5 ▪ 38 Long St ▪ +27 21 207 8888 ▪ www.granddaddy.co.za

Kapstadts einziges Open-Air-Kino wurde auf dem Dach des Grand Daddy Boutique Hotels eingerichtet. Vorab buchen!

City Hall

Restaurants an der Waterfront

Tische im Sevruga

① Sevruga
Karte Q1 ▪ Shop 4, Quay 5
▪ +27 21 421 5134 ▪ RRR

Auf der abwechslungsreichen Karte stehen sehr gute Gerichte und viele Weine aus der Region.

② Quay Four
Karte Q1 ▪ 4 Dock Rd
▪ +27 21 419 2008 ▪ RR

Hier hat man die Wahl: The Tavern am Wasser bietet Kneipengerichte an Tischen und Bänken aus Holz, schicker speist man im Upstairs.

③ La Parada
Karte Q2 ▪ Alfred Mall ▪ +27 21 418 3003 ▪ RR

Die Mittagskarte führt edle Bistroküche wie feinste Tapas, doch die meisten kommen zum Wochenendsbrunch mit Tafelbergblick.

④ Willoughby & Co
Karte Q1 ▪ 6130–6132 Victoria Wharf Centre ▪ +27 21 418 6115 ▪ RRR

Seafood ist Spezialität des Lokals, das man für sein Sushi und die tolle Auswahl an offenen Weinen schätzt.

⑤ Baia Seafood Restaurant
Karte Q1 ▪ 6262 Victoria Wharf Centre ▪ +27 21 421 0935 ▪ RRR

Die Seafood- und Fleischgerichte genießt man am besten auf dem Balkon mit Blick auf den Tafelberg.

Auf der Terrasse des Harbour House

⑥ Den Anker
Karte Q2 ▪ Pierhead ▪ +27 21 419 0249 ▪ RR

Das schöne Uferrestaurant lockt mit lokalen Spezialitäten wie *weskuskreef* (West Coast rock lobster), belgischen Klassikern und europäischem Bier *(siehe S. 58)*.

⑦ Ginja
Karte P2 ▪ Dock Rd ▪ +27 21 419 6677 ▪ RRR

Meeresfrüchte, Gourmetburger und die Cocktails sind von bester Qualität. Von der Terrasse hat man einen herrlichen Blick über den Hafen.

⑧ Pier Restaurant
Karte P1 ▪ 9 Breakwater Blvd ▪ +27 21 879 6329 ▪ RRR

Das Restaurant überzeugt mit seinen fantastischen Gourmetmenüs. Wählen Sie einen Tisch mit Blick auf die Uferpromenade.

⑨ Makers Landing
Karte H1 ▪ Cruise Ship Terminal, Cape Town Harbour ▪ www.makers landing.co.za ▪ R

Das Restaurant mit angegliedertem Markt bietet traditionelle lokale Gerichte und umfasst auch eine Mikrobrauerei und eine Destillerie.

⑩ Harbour House
Karte P1 ▪ Quay 4, 280 Dock Rd ▪ +27 21 418 4744 ▪ RRR

Die Gerichte des beliebten Seafood-Restaurants (mit Filiale in Kalk Bay) sind alle großartig – mit dem Fang des Tages machen Sie nichts falsch.

Restaurants

1 The Test Kitchen
Karte H1 ▪ 375 Albert Rd, Woodstock ▪ +27 21 447 2337 ▪ RRR
Küchenchef Luke Dale-Roberts serviert in seinem preisgekrönten, auf Monate ausgebuchten Restaurant innovative Küche mit Einflüssen aus aller Welt *(siehe S. 58)*.

2 Lord Nelson Restaurant
Karte P6 ▪ 76 Orange St ▪ +27 21 483 1000 ▪ RRR
Dass das Belmond Mount Nelson Hotel *(siehe S. 114)* zu den »Grandes Dames« Kapstadts zählt, spürt man auch im Restaurant, wo internationale Speisen mit südafrikanischer Note serviert werden.

3 Marco's African Place
Karte P4 ▪ 15 Rose St ▪ +27 21 423 5412 ▪ RR
Das Restaurant mit Bar im Stadtviertel Bo-Kaap verfügt über 220 Sitzplätze. Gäste schätzen die hervorragende Küche und die Livemusik.

4 Aubergine Restaurant
Karte P6 ▪ 39 Barnet St ▪ +27 21 465 0000 ▪ RRR
Einflüsse aus ganz Afrika, Asien und Europa sorgen für Pfiff bei den Seafood-, Fleisch- und vegetarischen Gerichten.

5 La Parada
Karte P5 ▪ 107 Bree St ▪ +27 21 426 0330 ▪ RR
Das Lokal an der Bree Street ist bekannt für seine Auswahl an exzellenten Tapas. Die Bar serviert wunderbare Cocktails und Craftbeers.

6 Beluga
Karte P3 ▪ The Foundry, Prestwich Street ▪ +27 21 434 0813 ▪ RRR
Das ansprechende Restaurant serviert orientalisch inspirierte Grillgerichte, Seafood und Sushi.

7 Burger & Lobster
Karte P5 ▪ 105 Bree St ▪ +27 21 422 4297 ▪ RR
Wählen Sie eines von nur drei Gerichten: Burger, Hummerbrötchen oder Hummer.

Im Kloof Street House

8 Kloof Street House
Karte N5 ▪ 30 Kloof St, Gardens ▪ +27 21 423 4413 ▪ RRR
Das charmante Restaurant in einem viktorianischen Haus des 20. Jahrhunderts bietet internationale Gerichten mit südafrikanischem Touch *(siehe S. 59)*.

9 Gold Restaurant
Karte P3 ▪ 15 Bennett St ▪ +27 21 421 4653 ▪ RRR
Das 14-gängige Menü allein ist schon ein Erlebnis, doch dazu gibt es noch Tanz, Getrommel und reichlich Folklore *(siehe S. 58f)*.

10 Bukhara
Karte P4 ▪ 33 Church St ▪ +27 21 424 0000 ▪ RRR
Kapstadts führendes indisches Restaurant bietet auch Vegetariern eine große Auswahl.

Fleischgericht im La Parada

Siehe Karte S. 66f

🔟 Süden von Kapstadt

Die südlichen Vororte – vor allem der von exklusiven grünen Wohnanlagen geprägte Gürtel Richtung Süden – bergen viel Sehenswertes. Die Region wird im Westen vom Tafelberg flankiert, im Osten liegen die schockierend armen Cape Flats. Naturfreunde locken Landschaften wie in Kirstenbosch und Tokai, Weinliebhaber die Constantia Wine Route und die Güter rund um Stellenbosch.

Dunkle Weintrauben

① Tokai Plantation & Arboretum

Karte H3 ▪ Tokai Road ▪ Apr – Sep: tägl. 8 – 17 Uhr; Okt – März: tägl. 7 – 18 Uhr ▪ Eintritt ▪ www.sanparks.org

Der von dichten Kieferbeständen geprägte Wald im Table Mountain National Park birgt ein viktorianisches Arboretum. In dem bei Vogelbeobachtern beliebten Areal leben u. a. Bergbussarde und Blassuhus. Da die Pflanzung bewirtschaftet wird, sind immer wieder mal einzelne Bereiche gesperrt.

TOP**10**-Attraktionen
siehe S. 78 – 80

① **Restaurants**
siehe S. 81

0 km   2

② Irma Stern Museum

Karte H1 ▪ Cecil Road, Rosebank
▪ +27 21 650 72406 ▪ Mi – Fr 10 –
17 Uhr, Sa 10 – 14 Uhr ▪ Eintritt
▪ www.irmasternmuseum.co.za

Das Haus, in dem die vielseitige
Künstlerin bis zu ihrem Tod 1966
lebte, ist seit 1971 Museum. International galt den impressionistischen
Werken große Anerkennung, in der
Heimat sorgte die Idealisierung afrikanischer Sujets für Kontroversen.
Neben ihren Bildern ist Irma Sterns
Sammlung afrikanischen Kunsthandwerks zu sehen, z. B. ein kongolesischer Stuhl aus dem frühen
20. Jahrhundert.

③ Eagles' Nest

Karte H2 ▪ Old Constantia
Main Road, Constantia ▪ +27 21 794
4095 ▪ Weinproben: tägl. 10 – 16.30 Uhr
▪ www.eaglesnestwines.com

Bei Verkostungen auf dem weniger
bekannten Weingut in Constantia –
ein ruhiger und malerischer Ort –
lernt man sicher auch seinen blumigen und sehr gefeierten Viognier
kennen. Im Sommer kann man hier
schön picknicken.

④ Newlands Stadium & Cricket Ground

Karte H2

Das erste Rugbyspiel in Newlands
fand 1891 statt. Die Mehrzweckarena
für 51 900 Zuschauer ist u. a. Spiel-

Newlands Stadium

stätte der Stormers aus der Super-
League. Gleich daneben liegt malerisch der Newlands Cricket Ground
(siehe S. 54).

⑤ Townships der Cape Flats

Karte B3/C3

Bis in die 1940er Jahre war die sandige Ebene im Osten der Halbinsel
fast unbesiedelt. Durch Zwangsumsiedlung farbiger Anwohner aus den
dann Weißen vorbehaltenen Vororten
entstanden Townships wie Khayelitsha, Langa und Gugulethu, in denen
die Armut auch heute noch groß ist.

⑥ Kirstenbosch National Botanical Garden

Der wunderschöne Botanische Garten erstreckt sich an den östlichen
Hängen des Tafelbergs. Er ist reich
an Flora und an für die westliche
Kapregion charakteristischen Vogelarten. Viele der Wege sind für Rollstühle geeignet. Besucher können
die mit Fynbos bedeckten Ausläufer
des Tafelbergs hinauf- und hinunter-
steigen *(siehe S. 26f)*.

Kirstenbosch National
Botanical Garden

Weinberge des altehrwürdigen Guts Groot Constantia

⑦ Groot Constantia

Südafrikas ältestes Weingut liegt im Vorort Constantia an der Westseite des Tafelbergs. Die Verkostung der preisgekrönten Weine lohnt den Besuch des Anwesens ebenso wie das stattliche Manor House mit dem Homestead Museum *(siehe S. 28f)*.

⑧ Weingut Steenberg

Karte H3 ■ Steenberg Road, Tokai ■ +27 21 713 2211 ■ Proben: tägl. 10–18 Uhr; Touren: Mo–Fr 11 & 15 Uhr ■ www.steenbergfarm.com

Das Gut auf der ältesten Farm im Constantia Valley wurde 1682 von Catharina Ras gegründet und hieß Swaaneweide; erst später übernahm man den Namen des hier aufragenden »Steenbergs«. An der Spitze der prämierten Weinen befinden sich ein Sauvignon Blanc Reserve und der Steenberg Catharina Red. Zu dem Gut gehört auch ein Turniergolfplatz *(siehe S. 54)*.

⑨ Weingut Buitenverwachting

Karte H3 ■ Klein Constantia Road, Constantia ■ +27 21 794 5190 ■ Proben: Mo–Sa 10–16 Uhr ■ www.buitenverwachting.co.za

Der Name des kapholländischen Guts, das seit dem 18. Jahrhundert am Fuß des Constantiabergs liegt, spielt auf die 1825 von Ryk Cloete geernteten 100 Tonnen Trauben an und heißt so viel wie »Jenseits jeder Erwartung«. Aushängeschild ist eine dem Bordeaux ähnliche Cuvée, es werden aber auch unverschnittene Rot- und Weißweine produziert.

⑩ Rhodes Memorial

Karte H1 ■ Restaurant: +27 21 687 0000; tägl. 9–17 Uhr ■ www.rhodesmemorial.co.za

Das Denkmal für C. J. Rhodes, Premierminister am Kap und Gründer Rhodesiens (heute Simbabwe und Sambia), steht zu Füßen des Devil's Peak und bietet fantastische Aussicht *(siehe S. 48)*. Dorische Säulen und Steinlöwen verleihen dem Monument klassizistische Züge.

Streit um das Rhodes Memorial

Im Jahr 2015 wurde das Denkmal des in England geborenen südafrikanischen Politikers Cecil John Rhodes (1853–1902) aus Protest gegen dessen Wirken mit Graffiti besprüht. Dieser viel Aufsehen erregende Vorfall ereignete sich im Rahmen der zuvor von Studierenden ins Leben gerufenen Kampagne »Rhodes must fall«. Deren Initiatoren forderten die Entfernung des Denkmals, da es ihrer Meinung nach wie kaum ein anderes die weiße Vorherrschaft und den britischen Imperialismus in Afrika symbolisiert.

Restaurants

Preiskategorien
Preis für ein Drei-Gänge-Menü pro Person mit einer halben Flasche Wein, inkl. Steuern und Service.

R unter 300 R **RR** 300–400 R **RRR** über 400 R

1 Greenhouse
Karte H2 ▪ 93 Brommersvlei Rd, Constantia ▪ +27 21 795 6226 ▪ RRR

Im schicken Restaurant des Hotels The Cellars-Hohenort *(siehe S. 116)* wird tolle Fusionsküche serviert.

2 Chefs Warehouse at Beau Constantia
Karte H2 ▪ 1043 Constantia Main Rd ▪ +27 21 794 8632 ▪ RR

Das Restaurant bietet ausgezeichnete Tapas und einen grandiosen Blick auf das Constantia Valley.

3 Beyond Restaurant
Karte H3 ▪ Buitenverwachting, 37 Klein Constantia Rd ▪ +27 21 794 0306 ▪ RRR

Das Restaurant auf dem Weingut Buitenverwachting kombiniert kontinentale und lokale Einflüsse. Es gibt auch ein Café (Coffee BloC).

4 A Tavola
Karte H2 ▪ Wilderness Road, Claremont ▪ +27 21 671 1763 ▪ RR

Was dem Lokal an Charme fehlt, macht das authentisch italienische Essen mehr als wett. Von der Terrasse erspäht man den Tafelberg.

5 Moyo Kirstenbosch
Karte H2 ▪ +27 21 762 9585 ▪ RR

Gefüllte Pfannkuchen, Sandwiches und fertige Picknickkörbe zählen zum Angebot des Restaurants im Kirstenbosch National Botanical Garden *(siehe S. 26f)*.

6 Vineyard Hotel
Karte H2 ▪ 60 Colinton Rd, Newlands ▪ +27 21 657 4500 ▪ RRR

Das Restaurant im Vineyard Hotel *(siehe S. 116)* kombiniert östliche und westliche Küche. Speisen Sie im Grünen oder drinnen mit Art-déco-Flair – zu empfehlen ist das siebengängige Degustationsmenü.

7 Jonkershuis
Karte H2 ▪ Groot Constantia ▪ +27 21 794 6255 ▪ RR

Im Jonkershuis von Groot Constantia *(siehe S. 28)* genießt man gute kapmalaiische Küche. Draußen unter den großen Eichen schmeckt das Essen besonders gut.

Bistro Sixteen82, Weingut Steenberg

8 Bistro Sixteen82
Karte H3 ▪ +27 21 205 3866 ▪ RR

Bistroküche und Tapas erreichen in dem zwanglosen Lokal des Weinguts Steenberg *(siehe S. 80)* ein Niveau, das weit über dem der Preise liegt.

9 Banana Jam Café
Karte H2 ▪ 157 2nd Ave, Kenilworth ▪ +27 21 674 0186 ▪ R

Das farbenfrohe Restaurant versorgt Gäste mit Pizza, Burgern und karibischer Küche. Oben bietet eine Braustube 30 Biersorten vom Fass und eine große Auswahl Karibik-Rum.

10 La Colombe
Karte H2 ▪ Weingut Silvermist, Constantia ▪ +27 21 794 2390 ▪ RRR

An einem Berghang mit Blick aufs Constantia Valley kommt man in den Genuss moderner Küche mit französischer Note und elegantem, aber entspanntem Flair *(siehe S. 58)*.

Siehe Karte S. 78

⑩ Kap-Halbinsel

Die gebirgige Halbinsel erstreckt sich von Kapstadt gen Süden bis nach Cape Point – im Westen der offene Atlantik, im Osten die False Bay. Malerische Dörfer, Sandstrände und hübsche Ferienorte säumen im Norden zwei Drittel der Küste. Auf dem Bergkamm wird die natürliche Fynbosvegetation nur von vereinzelten Wäldern durchbrochen. Der Großteil der Halbinsel gehört zum Table Mountain National Park, der tolle Naturerlebnisse ermöglicht. Was man nicht versäumen darf, sind Cape of Good Hope, die Pinguine am Boulders Beach und die Strände von Muizenberg, Noordhoek und Fish Hoek.

Nachtreiher im Rondevlei Bird Sanctuary

Vorhergehende Doppelseite Weingut Buitenverwachting, Constantia

Fish Hoek und sein traumhafter Strand

1 Fish Hoek
Karte H4

Das idyllische Dorf liegt an der Mündung des Silvermine River zwischen Muizenberg und Simon's Town. Sein Strand zählt zu den sichersten der Halbinsel, das Wasser ist angenehm warm. Der Jager's Path, der Richtung Süden auf den Klippen verläuft, bietet gute Aussichtspunkte für die Walbeobachtung. Über Fish Hoek liegt mit Peers Cave eine der bedeutendsten archäologischen Stätten am Kap – die menschlichen Zeugnisse reichen 11 000 Jahre zurück.

2 False Bay Nature Reserve – Rondevlei Bird Sanctuary
Karte H3 ▪ Perth Rd, Rondevlei ▪ +27 21 706 2404 ▪ tägl. 7.30–17 Uhr (Dez – Feb: Sa, So bis 19 Uhr) ▪ Eintritt

Eine kurze Fahrt von Muizenberg nach Norden führt zum schönsten Vogelschutzgebiet in Kapstadt und Umgebung, wo 230 Vogelarten zu erspähen sind. Ein Fußweg führt an ihren Unterschlüpfen entlang. Hier leben Lappentaucher, Rallen, Reiher und Möwen. 1982 wurden zudem Flusspferde angesiedelt.

3 Imizamo Yethu
Karte G2 ▪ +27 21 511 6000

In der Sprache der Xhosa bedeutet der Name »Durch gemeinsame Anstrengung«. Die kleine Township am Rande von Hout Bay entstand erst nach dem Ende der Apartheid in den 1990er Jahren, wuchs schnell an und hat heute rund 34 000 Einwohner. Die malerische Lage über dem Hafen steht in starkem Kontrast zu den harten Lebensbedingungen. City Sightseeing *(siehe S. 71)* organisiert Führungen durch Imizamo Yethu.

4 Muizenberg
Karte H3

Der Vorort an der False Bay, wo die Magnaten der Witwatersrand-Goldader einst Villen am Meer errichteten, hat Sehenswürdigkeiten wie Het Posthuys, das 1742 als Zollhaus erbaut wurde, eine Festungsmauer, die von der britisch-niederländischen Schlacht von Muizenberg im Jahr 1795 übrig geblieben ist, den schönen edwardianischen Bahnhof und das Rhodes Cottage, wo Cecil John Rhodes 1902 starb. Der geschützte Strand *(siehe S. 50)* ist ein Paradies für Schwimmer und Surfer.

Hütten am Strand von Muizenberg

Pinguinkolonie am Boulders Beach

⑤ Simon's Town & Boulders Beach

Simon's Town ist schon seit über 200 Jahren Marinebasis. Viktorianische Fassaden in der als »Historic Mile« bekannten St George's Street sorgen für historisches Flair. Der viktorianische Bahnhof ist Endhaltestelle der Metrorail Southern Line, der wohl schönsten S-Bahn-Strecke der Welt. Hauptattraktion ist aber die Pinguinkolonie am Boulders Beach südlich der Stadt *(siehe S. 30f).*

⑥ Cape of Good Hope

Das Schutzgebiet, landschaftliches Highlight der Kap-Halbinsel, ist wichtiger Lebensraum für die einzigartige Fynbosvegetation und für Tiere wie Elenantilopen und den endemischen Buntbock. Rooikrans, Gifkommetjie und Cape Point bieten allesamt atemberaubenden Blick *(siehe S. 32f).*

Landspitze am Cape of Good Hope

⑦ Hout Bay & Duiker Island
Karte G3 ▪ stündlich Touren zur Insel

Der kleine betriebsame Hafen von Hout Bay – ein beliebter Ferienort – ist Startpunkt für Bootsausflüge nach Duiker Island, dem flachen Granitfelsen etwa sechs Kilometer vor der Küste. An den felsigen Ufern der Insel leben 5000 bis 6000 Südafrikanische Seebären. Besucher dürfen die Insel nicht betreten, doch von den Booten aus kann man die Tiere recht gut beobachten und darüber hinaus Klippen-Austernfischer, Brillenpinguine und verschiedene Kormorane sehen *(siehe S. 46).*

Chapman's Peak Drive

⑧ Chapman's Peak Drive
Karte G3 ▪ Eintritt ▪ www. chapmanspeakdrive.co.za

Die spektakuläre Straße wurde zwischen 1915 und 1922 in die beinahe senkrechte Felswand zwischen Hout Bay und Noordhoek geschlagen. Die Strecke bietet mehrere Aussichtsplätze, wo der Blick auf die Wellen des Atlantiks die Mautkosten schnell vergessen macht *(siehe S. 48f).*

Kapflora

Capensis (Kapflora) ist das kleinste der sechs Florenreiche der Erde. Die Bezeichnung der einzigartigen Vegetationsform Fynbos – vom niederländischen *fijnbosch* für »feingliedriges Gebüsch« – rührt wohl von den als Bauholz ungeeigneten dünnen Ästen der Pflanzen. Die artenreiche Kap-Halbinsel beheimatet mit geschätzten 9000 Arten fast 20 Prozent der afrikanischen Flora und ist UNESCO-Welterbe.

 Noordhoek Beach
Karte G3

Das Örtchen Noordhoek hat den schönsten Strand der Kap-Halbinsel. Der malerische Streifen weißen Sands, der sich vom Fuß des Chapman's Peak Richtung Kommetjie erstreckt, lädt zu Spaziergängen, zum Reiten *(siehe S. 54)* und zur Vogelbeobachtung ein – zuweilen lässt sich der gefährdete Klippen-Austernfischer hier blicken *(siehe S. 51)*.

 Kalk Bay
Karte H3

Der Küstenvorort mit Künstlerflair hat Besuchern viel zu bieten: Das Olympia Café *(siehe S. 89)* ist ein beliebter Frühstückstreff, wo man sich prima für einen Bummel durch die Galerien, Boutiquen und Antiquitätenläden *(siehe S. 88)* entlang der Hauptstraße stärken kann. Seafood-Restaurants säumen den Hafen und wer mag, kann den Fischern beim Einbringen des Tagesfangs zusehen. Das tun übrigens auch die Seebären, die schnell zur Stelle sind, wenn es ein Häppchen zu ergattern gibt.

Tagestour

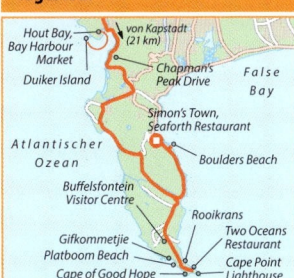

 Vormittags

Starten Sie früh zu der Fahrt entlang der Atlantikküste nach **Hout Bay**. Dort machen Sie eine kleine Bootsfahrt zu den Seebären von **Duiker Island** und schlendern – falls Wochenende ist – über den **Bay Harbour Market** *(siehe S. 88)*, bevor es weiter Richtung Süden geht. Am **Chapman's Peak Drive** sollten Sie sich Zeit nehmen, die Aussicht zu genießen. Im Schutzgebiet des **Cape of Good Hope** machen Sie erst halt am **Buffelsfontein Visitor Centre** *(siehe S. 33)*, bevor Sie den Parkplatz bei Cape Point anfahren. Gehen Sie gleich ins **Two Oceans Restaurant**, das einen malerischen Blick auf die False Bay bietet, oder warten mit dem Mittagessen bis nach dem Aufstieg (oder der Seilbahnfahrt) zum **Cape Point Lighthouse** *(siehe S. 33)*.

Nachmittags

Spazieren Sie den Fußpfad vom Parkplatz zum Strand hinunter oder fahren Sie auf der Hauptstraße des Schutzgebiets zurück, wo es am Eingangstor Richtung **Rooikrans**, **Gifkommetjie** oder **Platboom Beach** *(siehe S. 51)* geht. Gegen 15 Uhr machen Sie sich auf den Weg Richtung **Simon's Town**. Vielleicht sichten Sie an der Küstenstraße entlang der False Bay Wale. Vor der Stadt biegen Sie noch rechts ab zur Pinguinkolonie am **Boulders Beach**. Vor der Rückfahrt trinken Sie Kaffee im **Seaforth Restaurant** *(siehe S. 89)*, das auf den Hafen von Simon's Town blickt.

Siehe Karte S. 84

Galerien, Läden & Märkte

(1) Kalk Bay Artists Studio and Gallery
Karte H3 ▪ 136 Main Rd, Kalk Bay
▪ + 27 76 246 0728
Die Galerie im Olympia Building zeigt abstrakte und experimentelle Kunstwerke.

(2) Artvark Gallery
Karte H3 ▪ 48 Main Rd, Kalk Bay
▪ +27 21 788 5584
Hier sind zeitgenössische Kunst und Kunsthandwerk aus Südafrika sowie Arbeiten aus Metall zu finden.

(3) Kalk Bay Modern
Karte H3 ▪ 136 Main Rd, Kalk Bay ▪ +27 21 788 6571
Diese Kunstgalerie bietet eine große Sammlung zeitgenössischer Kunst der indigenen Ethnie San.

(4) Rockchic
Karte G2 ▪ 35 Main Rd, Hout Bay
▪ +27 64 661 5746
Dieser kleine Laden ist auf Schmuck aus Halbedelsteinen und Perlen spezialisiert. Alle Objekte werden von Hand gefertigt.

(5) Quayside Centre
Karte H4 ▪ Simon's Town
In dem Bau beim Quayside Hotel (siehe S. 116) gibt es Läden, eine Kunstgalerie und Lokale mit Blick auf den Hafen von Simon's Town.

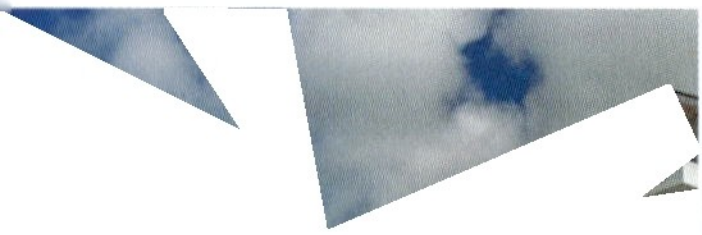

Quagga Rare Books & Art

(6) Quagga Rare Books & Art
Karte H3 ▪ 86 Main Rd, Kalk Bay
▪ +27 21 788 2752
Der renommierte Buchladen führt viele antiquarische Titel.

(7) Papagayo
Karte H3 ▪ 1 Belmont Rd, Kalk Bay ▪ +27 64 937 7193
Schnäppchenjäger lieben dieses große Lager an bunter Handwerkskunst, Textilien, Kleidung und Dekorationsartikeln.

(8) Longbeach Mall
Karte G3 ▪ Buller Louw Blvd, Sunnydale ▪ +27 21 785 5955
Die größte Shoppingmall der südlichen Halbinsel birgt über 100 Läden und Lokale, u. a. Supermärkte, einen Kunsthandwerksmarkt und Cafés.

(9) Bay Harbour Market
Karte G2 ▪ 31 Harbour Rd, Hout Bay ▪ +27 84 370 5715
▪ Fr 17–21 Uhr, Sa, So 9.30–16 Uhr
Einer von Kapstadts besten Märkten bietet Kunsthandwerk, flippige Kleidung und jede Menge gutes Essen.

(10) Montebello Design Centre
Karte H2 ▪ Newlands Ave, Newlands
▪ +27 21 685 6445
Restaurierte Bauernhäuser beherbergen über 20 Kunstateliers, ein Restaurant und einen Hofladen.

Stände am Quayside Centre

Restaurants

① **Lighthouse Café**
Karte H4 ▪ 90 St George's St,
Simon's Town ▪ +27 21 786 9000 ▪ R

Es gibt schöner gelegene Restaurants in Simon's Town, doch das anständige Essen und die freundliche Atmosphäre entschädigen für die Straße vor der Nase.

② **Tiger's Milk**
Karte H3 ▪ Beach Road, Muizenberg ▪ +27 21 788 1860 ▪ RR

Suchen Sie sich einen Platz am großen Panoramafenster mit Blick aufs Meer, um sich hiesiges Bier zu Pizza, Burgern oder »Bunny Chow« – Curry in ausgehöhltem Weißbrot – schmecken zu lassen.

③ **Harbour House**
Karte H3 ▪ Kalk Bay Harbour
▪ +27 21 788 4136 ▪ RRR

Näher kann man dem Meer im Hafen von Kalk Bay kaum kommen – große Fenster ermöglichen den Blick aufs Wasser, während man hier gut und entspannt speist.

Tische mit Meerblick im Harbour House

④ **Seaforth Restaurant**
Karte H4 ▪ Seaforth Beach,
Simon's Town ▪ +27 21 786 4810
▪ RR

Verbinden Sie den Besuch von Boulders Beach mit Seafood, Pizza oder Pasta in diesem netten Restaurant.

⑤ **Cape to Cuba**
Karte H3 ▪ 165 Main Rd, Kalk
Bay ▪ +27 21 188 1566 ▪ RR

Das erstklassige Restaurant ist für tolles Seafood aus der Region und

> **Preiskategorien**
> Preis für ein Drei-Gänge-Menü pro Person mit einer halben Flasche Wein, inkl. Steuern und Service.
>
> **R** unter 300 R **RR** 300–400 R **RRR** über 400 R

Sushi vom Feinsten berühmt, wird aber auch für den umwerfenden Blick auf die False Bay geschätzt.

⑥ **Olympia Café**
Karte H3 ▪ 134 Main Rd, Kalk
Bay ▪ +27 21 788 6396 ▪ RR

Für das tolle Frühstück oder gute mediterrane Gerichte in entspannter Atmosphäre am Meer stehen die Leute hier Schlange.

⑦ **The Foodbarn**
Karte G3 ▪ Noordhoek Farm
Village, Village Lane, Noordhoek
▪ +27 21 789 1390 ▪ RRR

Küchenchef Franck Dangereux ist ein Meister der Aromen. In seinem Restaurant kann man französisch speisen, im Deli zwanglos Snacks genießen *(siehe S. 59)*.

⑧ **Wharfside Grill Restaurant**
Karte G2 ▪ Harbour Rd, Hout Bay
▪ +27 21 790 1100 ▪ RRR

Das Restaurant mit nautischem Thema serviert frisches Seafood. Das Wharfette Bistro unten verkauft günstiges Essen zum Mitnehmen.

⑨ **Dunes**
Karte G2 ▪ 1 Beach Rd, Hout Bay
▪ +27 21 790 1876 ▪ RR

Das familienfreundliche Strandbistro (mit Kinderspielplatz!) bietet alles von Seafood und Steaks über Salate bis zu Pizza und Tapas.

⑩ **Chefs Warehouse at Tintswalo Atlantic**
Karte G3 ▪ Chapman's Peak Drive
▪ +27 21 541 0165 ▪ RRR

Das Spitzenrestaurant liegt atemberaubend an der Atlantikküste. Reservierung ist unbedingt erforderlich.

Siehe Karte S. 84 ←

⟨TOP10⟩ Weinregion

Die an Kapstadt grenzende, auch Boland (»Oberes Land«) genannte Bergregion zählt zu den schönsten Ecken Südafrikas. Zwischen Sandsteinfelsen breiten sich grüne Täler aus – hier blüht der Weinbau. In den Winelands finden sich rund 300 Weingüter und historische Orte wie Stellenbosch, Franschhoek und Paarl.

Klettern im Jonkershoek Nature Reserve

① **Jonkershoek Nature Reserve**

Karte E3 ■ +27 21 866 1560 ■ Mai – Aug: tägl. 8 – 16 Uhr; Sep – Apr: tägl. 7 – 16 Uhr ■ Eintritt ■ www.capenature. co.za

Durch das Schutzgebiet am Rande von Stellenbosch führen viele Wanderpfade – von Spazierwegen durch Agrarland bis zu anspruchsvollen

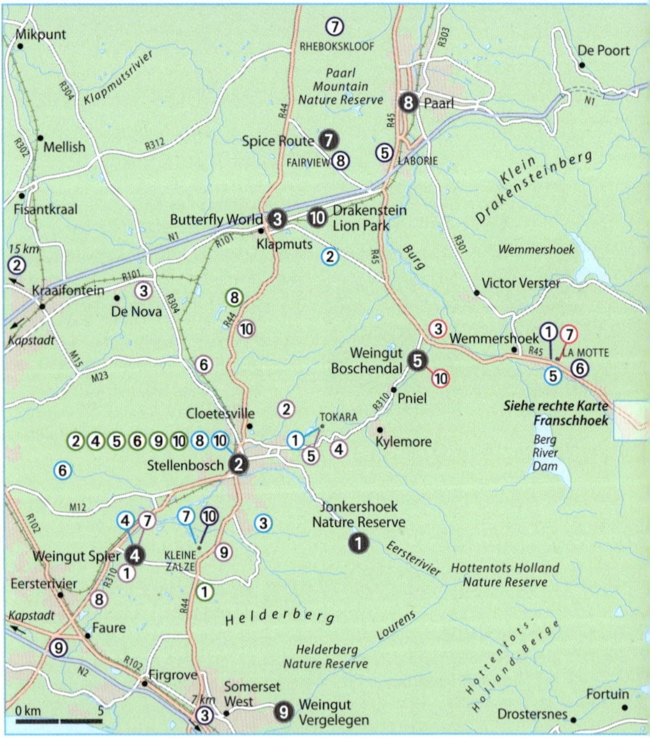

Steigen in höhere Lagen. In der Berglandschaft gedeihen über 1000 verschiedene Fynbos-Arten. Neben diversen Vögeln leben hier auch Wildtiere wie Klippspringer, Leoparden und Paviane. Das kleine Assegaaibosch Nature Reserve liegt innerhalb des Schutzgebiets von Jonkershoek (siehe S. 44).

2 Stellenbosch

Die bedeutendste Stadt der Weinregion liegt von Bergen umgeben am Ufer des Eersterivier. Die zweitälteste Siedlung Südafrikas entstand 27 Jahre nach der Gründung von Kapstadt. Stellenbosch besitzt die höchste Anzahl an vor dem 20. Jahrhundert errichteten kapholländischen Bauten. Darüber hinaus reizt an Stellenbosch – Sitz einer renommierten Universität – auch das quirlige Studentenleben. Das kompakte Stadtzentrum ist immer belebt und auch noch nach Einbruch der Dunkelheit sicher (siehe S. 34f).

3 Butterfly World

Karte D1 ■ R44, Klapmuts
■ +27 62 879 4044 ■ tägl. 9–17 Uhr
■ Eintritt ■ www.butterflyworld.co.za

Südafrikas größter Schmetterlingspark beheimatet über 20 heimische Arten, die munter in einem hübsch gestalteten Tropengarten umherfliegen, er bietet aber auch kleinen Antilopen, Leguanen sowie Taranteln und anderen Spinnen Raum. Auf dem Gelände gibt es einen Teegarten, Picknickbereiche und einen Kunsthandwerksladen.

Bewohner von Butterfly World

Kapholländische Architektur

Der im 18. Jahrhundert entwickelte Baustil wollte Europäisches mit afrikanischen Lebensbedingungen in Einklang bringen. Charakteristische Elemente wie der Rundgiebel über dem Eingang ist Amsterdams mittelalterlichen Häusern entlehnt. Auch typisch sind Reetdächer und H-förmige Grundrisse wie auf Gut Vergelegen.

4 Weingut Spier
Karte D3 ■ über R310 Richtung Stellenbosch ■ +27 21 809 1100 ■ Proben: tägl. 9–16 Uhr ■ www.spier.co.za

Das wunderschöne Weingut an einem Stausee zählt zu Südafrikas ältesten und ist ein stilvoller Ort für Verkostungen. Hier paart man die Weine mit kreativen Speisen und hält mit Traubensaft-Proben auch die Kinder bei Laune *(siehe S. 57)*. Zum weiteren Angebot zählen Picknickkörbe und das Eight Restaurant, Spielplätze, Spa, Geschenkladen, Falknershows und das erstklassige Spier Hotel *(siehe S. 117)* mit eindrucksvollem Dekor.

Weingut Boschendal

5 Weingut Boschendal
1685 pflanzte der hugenottische Siedler Jean de Long auf diesem Gut Reben an – wegweisend für den südafrikanischen Weinbau. Eine Allee führt zu dem Weingut in einem von Simonsberg und Groot-Drakenstein-Bergen flankierten grünen Tal. Das kapholländische Haupthaus stammt von 1812, der Weinkeller von 1795. Es gibt auf dem Anwesen ein Restaurant und ein Café, doch im Sommer lockt vor allem ein Picknick auf dem Rasen *(siehe S. 36)*.

6 Franschhoek
Karte F2

Der französische Einfluss der selbst ernannten kulinarischen Hauptstadt Südafrikas geht auf hugenottische Siedler im 17. Jahrhundert zurück und wird im Huguenot Memorial Museum *(siehe S. 37)* dokumentiert. Die Hauptstraße säumen schicke Läden und edle Restaurants. Viele Weingüter liegen in unmittelbarer Nachbarschaft *(siehe S. 36f)*.

7 Spice Route
Karte E1 ■ Suid Agter Paarl Rd, Paarl ■ +27 21 863 5200 ■ tägl. 9–17 Uhr ■ www.spiceroute.co.za

In dem Künstlerdorf wird alles vor Ort und von Hand gebraut, gepökelt, destilliert oder gebacken. Nehmen Sie an einer Schokoladenverkostung teil, lernen Sie, wie man Schinken und Wurst herstellt, besuchen Sie die Mikrobrauerei und den Weinladen und beschließen Sie den Tag mit Holzofenpizza oder würzigen Steaks.

8 Paarl
Karte E1 ■ +27 21 872 4842 ■ www.discoverpaarl.co.za

Paarl Mountain im Westen und Bergrivier im Osten begrenzen die größte Stadt der Winelands. Paarl hat nicht den Glanz von Stellenbosch, doch das der hiesigen Sprache gewidmete Afrikaanse Taalmonument, das nahe Paarl Mountain Nature Reserve und das reizende Weingut Laborie lohnen den Besuch.

Afrikaanse Taalmonument, Paarl

Gartenweg auf Gut Vergelegen

⑨ Weingut Vergelegen

Karte E4 ■ Lourensford Road,
Somerset West ■ +27 21 847 2100
■ tägl. 8.30–17 Uhr ■ Eintritt ■ www.
vergelegen.co.za

Der Name des historischen Guts bedeutet »abgelegen« – das 1685 erbaute Anwesen an einem Hang des Helderberg war einst ein entfernter Außenposten der Kapkolonie. Willem van der Stel, Sohn von Simon van der Stel *(siehe S. 29)*, erwarb es 1700, ließ das elegante Herrenhaus bauen, legte den achteckigen Garten an und pflanzte die knorrigen Kampferbäume am Eingang. Heute zählt Vergelegen zu den führenden Weingütern Südafrikas, sowohl das Anwesen als auch die Weine lohnen die Anreise.

⑩ Drakenstein Lion Park

Karte E1 ■ Old Paarl Road
(R101), Klapmuts ■ +27 21 863 3290
■ tägl. 9.30–17 Uhr ■ Eintritt
■ www.lionrescue.org.za

Der 1998 gegründete Park bietet Großkatzen, die in Gefangenschaft geboren und misshandelt oder nicht artgerecht gehalten wurden, eine Heimat. Mehr als 30 der imposanten Tiere leben hier frei und sicher in einem über 20 Hektar großen Habitat und natürlichen Bedingungen. Doch das für die meisten Besucher wohl unvergesslichste Erlebnis ist eine Übernachtung im Ingonyama Tented Camp inmitten der Löwen.

Tagestour

▶ Vormittags

Die Rundfahrt um die Hottentots-Holland-Berge führt durch landschaftlich und architektonisch reizvolle Gebiete des Winelands wie auch zu den schönsten Weingütern. Der Ausflug beginnt in **Stellenbosch**. Die R44 führt nach Süden Richtung **Somerset West**, wo Sie den Schildern zum **Weingut Vergelegen** am Helderberg folgen. Besichtigen Sie die historischen Gebäude, gönnen Sie sich einen Kaffee oder nehmen Sie an einer Weinprobe teil. Von Somerset West bringt Sie die N2 ostwärts über den **Sir Lowry's Pass**, dann geht es links über die R321 durch **Grabouw**, über den **Viljoen Pass**, ins Tal des »endlosen Flusses« **Riviersonderend** und zum **Theewaterskloof Dam**. Biegen Sie links auf die R45 – sie kreuzt den **Franschhoek Pass** und bietet tolle Sicht auf die Stadt **Franschhoek**, wo sich an der Hauptstraße gute Lokale fürs Mittagessen reihen.

Nachmittags

Frisch gestärkt besuchen Sie das Huguenot Memorial Museum oder stöbern durch die Läden der Hauptstraße, bevor Sie auf der R45 weiter zum **Weingut L'Ormarins** mit dem **Franschhoek Motor Museum** *(siehe S. 36)* fahren. Weiter westlich führt die R310 über den **Helshoogte Pass** zurück nach Stellenbosch. Vielleicht machen Sie noch halt am **Weingut Boschendal**, in **Pniel** oder an den **Hillcrest Berry Orchards** *(siehe S. 36f)*. Ein Drink im Restaurant des **Weinguts Tokara** *(siehe S. 95)* beschließt den Tag.

Siehe Karte S. 90f ←

Galerien, Läden & Märkte

1 Root 44 Market
Karte D3 ■ Weingut Audacia, R44 Höhe Annandale Road, Stellenbosch ■ +27 21 300 3935
Der lebhafte Markt zählt zu den besten der Winelands und bietet Kunsthandwerk, Mode und Lederwaren, Feinkost, Wein- und Bierverkostungen, reichlich zu essen, Livemusik und einen Spielplatz.

2 Oom Samie se Winkel
Karte D2 ■ 84 Dorp St, Stellenbosch ■ +27 21 887 0797
Stellenboschs berühmtester *winkel* (Laden) ist über 100 Jahre alt und wirkt überaus viktorianisch. Das Angebot an afrikanischen Waren und Kunstobjekten ist groß und erschwinglich *(siehe S. 35)*.

3 The Ceramics Gallery
Karte F2 ■ 24 Dirkie Uys St, Franschhoek ■ +27 21 876 4304
Hier kann man zusehen, wie David Walters an der Töpferscheibe schöne Haushaltskeramik fertigt.

Accessoire am Root 44 Market

Auslage bei Karoo Classics

4 Karoo Classics
Karte D2 ■ De Wet Centre, Church Street, Stellenbosch ■ +27 21 886 7596
Spezialität des Ladens sind handgearbeitete Accessoires aus feinstem Mohair, Straußenleder und anderen Naturmaterialien aus der Region.

5 Local Works
Karte D2 ■ 10 Drostdy St, Stellenbosch ■ +27 21 887 0875
Der eindrucksvolle kleine Laden bietet handverlesene Stücke, die die Vielfalt der afrikanischen Kunst und Kultur unterstreichen.

6 Is art Franschhoek
Karte F2 ■ 29 Church St, Stellenbosch ■ +27 21 882 6909
In der Kunstgalerie von Ilse Schermers Griesel liegt der Fokus auf moderner südafrikanischer Kunst und auf Sammlerstücken.

7 Huguenot Fine Chocolates
Karte F2 ■ Daniel Hugo St, Franschhoek ■ +27 21 876 4096
Zwei in Belgien ausgebildete Chocolatiers verkaufen in dem beliebten Laden ihre köstlichen Kreationen.

8 Vineyard Connection
Karte D2 ■ Delvera Farm, R44 Höhe Muldersvlei Road, Stellenbosch ■ +27 21 884 4360
Der Laden auf der netten Farm zwischen Stellenbosch und Paarl führt die besten Weine des Kaps und sendet Ihre Einkäufe nach Europa.

9 Stellenbosch University Museum
Karte D2 ■ 52 Ryneveld St, Stellenbosch ■ +27 21 808 3695 ■ Mo–Fr 9–16.30 Uhr, Sa 9–12.30 Uhr
Das klassizistische Gebäude birgt die Universitätssammlung mit Kunst aus dem 19. und 20. Jahrhundert sowie eine anthropologische Sammlung traditioneller afrikanischer Kunst- und Haushaltsgegenstände.

10 Rupert Museum
Dr. Anton Rupert hat die tolle Sammlung südafrikanischer Kunst zusammengetragen *(siehe S. 35)*.

➤ Siehe Karte S. 90f

Weingüter nahe Stellenbosch

(1) Seven Sisters Vineyards
Karte D3 ■ Annandale Rd,
Stellenbosch ■ +27 21 879 1996
■ Mo–Sa 9–16 Uhr (Proben auf
Anfrage) ■ www.sevensisters.co.za
Das Weingut wurde 2005 von sieben
Schwestern gegründet und produziert erlesene Weiß- und Rotweine.

(2) Rustenberg
Karte E2 ■ Rustenberg Road,
Ida's Valley ■ +27 21 809 1200
■ Proben: Mo–Fr 9–16.30 Uhr,
Sa 10–16 Uhr, So 10–15 Uhr
■ www.rustenberg.co.za
Das 300 Jahre alte Gut ist für seinen
spritzigen Chardonnay bekannt.

(3) Villiera
Karte D3 ■ R304 ■ +27 21
865 2002 ■ Proben: Mo–Fr 9–17 Uhr,
Sa 9–15 Uhr ■ www.villiera.com
Hier kann man vor der Verkostung
von Méthode Cap Classique noch
schnell eine Safaritour durch den
angrenzenden Wildpark machen.

(4) Delaire Graff
Das »Weingut im Himmel« ist
bekannt für erlesene Rote und ideal
für ein Picknick (siehe S. 36).

(5) Tokara
In herrlicher Lage am Helshoogte Pass präsentiert sich auch
das Restaurant des Weinguts sehr
malerisch. Hier werden Wein und
Olivenöl gerühmt (siehe S. 36).

Restaurant auf dem Weingut Tokara

(6) Simonsig
Karte D2 ■ Kromm Rhee
Road ■ +27 21 888 4900 ■ Proben:
Sa–Mi 10–17 Uhr, Do, Fr 10–18 Uhr
■ www.simonsig.co.za
Südafrikas erster Erzeuger von Méthode Cap Classique bietet Gratistouren, die die Herstellung erläutern
und immer mit einer *sabrage* – dem
Öffnen einer Flasche mit Champagnersäbel – enden.

(7) Spier
Die süffigen Weine des netten,
familienfreundlichen Guts liegen im
mittleren Preissegment (siehe S. 92).

(8) Meerlust
Karte D3 ■ R310 ■ +27 21
843 3587 ■ Proben: Mo–Fr 9–17 Uhr,
Sa 10–14 Uhr ■ www.meerlust.co.za
Im Keller des Guts lagert sein gefeierter, dem Clairet ähnliche Rubicon.

(9) Blaauwklippen
Karte D3 ■ R44 ■ +27 21 880
0133 ■ Mi–Sa abends, So
abends ■ www.blaauwklippen.com
Das für exquisiten Zinfandel bekannte Gut bietet ein schönes altes Herrenhaus, ein Bistro und sonntags
einen Handwerksmarkt.

(10) Kanonkop
Karte D2 ■ R44 ■ +27 21 884
4656 ■ Proben: Mo–Fr 9–17 Uhr,
Sa 9–14 Uhr ■ www.kanonkop.co.za
Neben preisgekrönten Cuvées wird
hier auch einer der besten Pinotage-
Weine Südafrikas produziert.

Weitere Weingüter

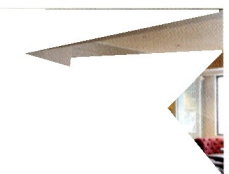

Verkostungsraum auf dem Gut La Motte

① La Motte
Karte F2 ▪ R45, Franschhoek ▪ +27 21 876 8000 ▪ Proben: Mo – Sa 9 – 17 Uhr ▪ www.la-motte.com

In schöner Lage im Franschhoek Valley werden preisgekrönte Weine erzeugt (siehe S. 37).

② Durbanville Hills
Karte C2 ▪ Tygerberg Valley Road (M13) ▪ +27 21 558 1300 ▪ Proben: Mo 12 – 18, Di – Fr 10 – 18 Uhr, Sa 10 – 17 Uhr, So 11 – 17 Uhr ▪ www.durbanvillehills.co.za

Exzellenter Merlot lockt Rotweinliebhaber zu einem Besuch dieses Weinguts.

③ Waterkloof
Karte E4 ▪ Sir Lowry's Pass Road, Somerset West ▪ +27 21 200 2559 ▪ Proben: Di – So 10 – 16.30 Uhr ▪ www.waterkloofwines.co.za

Ein futuristischer Glaswürfel mit fantastischem Blick auf False Bay, Hottentots-Holland-Berge und Helderberg birgt Verkostungsraum und Restaurant des Weinguts, das für seine eleganten Weine bekannt ist.

④ Haute Cabrière
Karte F2 ▪ Franschhoek Pass Road ▪ +27 21 876 8500 ▪ Proben: tägl. 10 – 17 Uhr ▪ www.cabriere.co.za

Der Name steht für erstklassigen Schaumwein. Die Korken werden bei Verkostungen gekonnt mit einem Champagnersäbel entfernt.

⑤ Laborie
Karte E1 ▪ Taillefer Street, Paarl ▪ +27 21 807 3395 ▪ Proben: Mo – Sa 11 – 18 Uhr, So 11 – 17 Uhr ▪ www.laboriewines.co.za

Das 1698 gegründete Weingut ist für Shiraz, Merlot und Schaumwein Méthode Cap Classique berühmt.

⑥ Leopard's Leap
Karte F2 ▪ R45, Franschhoek ▪ +27 21 876 8002 ▪ Proben: Di – So 9 – 17 Uhr ▪ www.leopardsleap.co.za

Im modernen Verkostungsraum aus Holz, Glas und Chrom sind auch diverse Weincocktails zu genießen.

⑦ Rhebokskloof
Karte E1 ▪ Noord Agter Paarl Road ▪ +27 21 869 8386 ▪ Proben: tägl. 8 – 17 Uhr ▪ www.rhebokskloof.co.za

Das von Bergen umgebene Gut bietet auch viele Freizeitaktivitäten.

⑧ Fairview
Karte E1 ▪ Suid Agter Paarl Road ▪ +27 21 863 2450 ▪ Proben: tägl. 9 – 17 Uhr ▪ www.fairview.co.za

Neben edlen Weinen gibt es hier auch hausgemachten Ziegenkäse, der im tollen Deli zu haben ist.

⑨ Vergenoegd
Karte D3 ▪ R310, Baden Powell Drive ▪ +27 21 843 3248 ▪ Proben: Mi – So 8 – 16 Uhr ▪ www.vergenoegd.co.za

Genießen Sie Weinverkostungen, Führungen und ein schönes Picknick. Kinder haben ihre Freude an der Schar Indischer Laufenten. Reservierung wird empfohlen.

⑩ Kleine Zalze
Karte D3 ▪ R44, Stellenbosch ▪ +27 21 880 0717 ▪ Proben: Mo – Sa 9 – 18 Uhr, So 11 – 18 Uhr ▪ www.kleinezalze.co.za

Berühmt ist das Gut für sein Restaurant Kleine Zalze (siehe S. 98), es hat aber auch eine nette Lodge (siehe S. 117) und einen Golfplatz zu bieten.

Spitzenweine

1 Kanonkop Paul Sauer
Die von Cabernet Sauvignon dominierte Cuvée zählt zu den begehrtesten südafrikanischen Rotweinen. Der weiche, elegante Wein reift wohldosiert in Eichenfässern.

2 Boekenhoutskloof Syrah
Im Jahr 1997 begründete Marc Kent mit diesem Rotwein seinen exzellenten Ruf in der Branche. Der körperreiche Wein bietet eine große Vielfalt an Aromen.

3 Beyerskloof Pinotage Reserve
Der rubinrote Wein mit dem intensivem Bouquet wird aus Südafrikas »Nationaltraube« erzeugt. Die Pinotagerebe entstand in den 1920er Jahren durch Kreuzung von Cinsaut und Pinot Noir.

4 Hamilton Russell Vineyards Pinot Noir
Das Weingut im Tal Hemel-en-Aarde (»Himmel auf Erden«) etablierte die Rebsorte Pinot Noir in den 1970er Jahren in Südafrika. Den kraftvollen und doch weichen und würzigen Rotwein prägen Kirsch- und Beerenaromen, Holznoten und samtiges Tannin.

5 Beaumont Hope Marguerite
Dieser edle, fein duftende, fruchtige Chenin Blanc kommt in Holzfässern zur vollen Reife. In Südafrika wird die Rebsorte Chenin Blanc zu Tafelwein und Sekt, zu Dessertwein und zu Weinbrand verarbeitet.

6 Ken Forrester The FMC Chenin Blanc
Kenner behaupten, dieser extravagante Tropfen von Ken Forrester sei der beste Wein, den man aus Chenin Blanc herstellen kann. Nach anfänglicher Süße entfaltet der fruchtig duftende Wein erst am Gaumen seinen vollen Körper.

7 Graham Beck Cuvée Clive
Das Weingut ist berühmt für seine Schaumweine nach Méthode Cap Classique. Der prestigeträchtige Cuvée Clive wird nur gemacht, wenn der Jahrgang besonders gut ist.

8 Nederburg Edelkeur Noble Late Harvest
Die aus Chenin Blanc gekelterte Beerenauslese – die erste, die am Kap produziert wurde – lässt Aromen von Melone und Aprikose erkennen, während Zitrusnoten die Süße im Zaum halten.

9 Meerlust Rubicon
Familie Myburgh führt das 1693 gegründete Weingut schon seit dem Jahr 1756 und diese bereits mehrfach prämierte Rotwein-Cuvée zählt mit Recht zu den bekanntesten Weinen Südafrikas.

Meerlust-Verkostungsraum

10 Cape Point Isliedh
Für diese Weißwein-Cuvée wird Sauvignon Blanc mit Sémillon verfeinert. Die Reben wachsen auf Weingütern, die stetigem Wind ausgesetzt sind. In einem solchen Klima werden nur weiße Rebsorten richtig reif. Der fertige Wein wird dann beim Lagern immer besser.

Siehe Karte S. 90f

Restaurants rund um Stellenbosch

1 Tokara Delicatessen
Karte E2 ▪ +27 21 808 5950
▪ abends geschl. ▪ R

Das Deli auf dem Weingut *(siehe S. 36)* bietet tolle Feinkost und eignet sich prima für einen gesunden Wochenendsbrunch. Vornehmer speist man im Restaurant des Guts.

Speiseraum, Tokara Delicatessen

2 Glen Carlou
Karte E2 ▪ Simondium Road, Klapmuts ▪ +27 21 875 5528
▪ abends geschl. ▪ RRR

Im Verkostungsraum des Weinguts genießt man zu edlen Tropfen und herrlicher Aussicht perfekt angerichtete Köstlichkeiten.

3 Majeka Kitchen
Karte D3 ▪ 26–32 Houtkapper St, Stellenbosch +27 21 880 1549
▪ mittags geschl. ▪ RRR

Das Restaurant des Hotels Majeka House ist berühmt für gute Küche mit Fokus auf regionalen Spezialitäten.

4 Vadas Smokehouse
Karte D3 ▪ Weingut Spier, Stellenbosch ▪ +27 21 809 1137 ▪ Mo geschl. ▪ RR

Mit Blick auf die offene Küche oder an Gartentischen genießt man innovative Gerichte aus regionalen Zutaten. Fleischgerichte sind die Spezialität, aber auch die vegetarischen Optionen sind gut.

5 96 Winery Road
Karte D3 ▪ 96 Winery Rd, Somerset West ▪ +27 21 842 2020 ▪ RR

Das Lokal im ländlichen Stil serviert leckere saisonale Gerichte. Im Keller lagern erlesene Rotweine.

6 Jordan Restaurant
Karte D3 ▪ Weingut Jordan, Stellenbosch Kloof Road, Stellenbosch ▪ +27 21 881 3441 ▪ RRR

Zutaten aus eigenem Anbau sorgen für den Geschmack der Gerichte, die man hier zu herrlichem Blick über die Weinberge genießt *(siehe S. 59)*.

7 Kleine Zalze Restaurant
Karte D3 ▪ Kleine Zalze Wine Estate, Stellenbosch ▪ +27 21 880 8167 ▪ Mo geschl. ▪ RRR

Auf dem Weingut Kleine Zalze *(siehe S. 96)* gibt es wechselnde Gerichte und ein Tapas-Menü *(siehe S. 58)*.

8 Helena's Restaurant
Karte D2 ▪ 33 Church St, Stellenbosch ▪ +27 21 883 8207 ▪ RRR

Im Restaurant des Coopmanhuijs Boutique Hotel *(siehe S. 117)* kommen regionale Speisen auf den Tisch.

9 Babel Restaurant
Karte E2 ▪ Weingut Babylonstoren, Simondium Road, Klapmuts ▪ +27 21 863 3852 ▪ RRR

Die Speisekarte spiegelt Farben und Aromen der jeweiligen Jahreszeit wider. Kräuter, Gemüse und Obst kommen frisch aus dem Garten.

Gericht im Babel

10 Jardine Food & Wine Bar
Karte D2 ▪ 1 Andringa St, Stellenbosch ▪ +27 21 886 5020 ▪ Mo, So geschl. ▪ RRR

Die Karte des kleinen Restaurants wechselt regelmäßig – die Qualität bleibt konstant auf höchstem Niveau.

Restaurants rund um Franschhoek

Preiskategorien
Preis für ein Drei-Gänge-Menü pro Person mit einer halben Flasche Wein, inkl. Steuern und Service.

R unter 300 R **RR** 300–400 R **RRR** über 400 R

1 La Petite Colombe
Karte F2 ■ Leeu Estates, Dassenberg Road, Franschhoek ■ +27 21 202 3395 ■ mittags geschl. ■ RRR
Die kreativen Fünf- und Neun-Gänge-Menüs spieglen die Vielfalt der regionalen Zutaten und Aromen wider *(siehe S. 58)*.

2 Reuben's Restaurant and Bar
Karte F2 ■ 2 Daniel Hugo St, Franschhoek ■ +27 21 876 3772 ■ RRR
Der gefeierte Küchenchef Reuben Riffel verwöhnt seine Gäste mit innovativer Bistroküche mit afrikanischen, asiatischen und europäischen Einflüssen.

3 Fyndraai
Karte E2 ■ Weingut Solms-Delta, Groot Drakenstein ■ +27 21 874 3937 ■ abends geschl. ■ RRR
Mit frischem Wind und Augenmerk auf dem kulinarischen Erbe der Region wird hier eine moderne Form traditioneller Kapküche kreiert.

4 Haute Cabrière
Karte F2 ■ +27 21 876 8500 ■ Mo geschl. ■ RRR
Im Restaurant des Weinguts aus dem 17. Jahrhundert *(siehe S. 96)* werden moderne französische und südafrikanische Gerichte serviert.

5 Chefs Warehouse at Maison
Karte F2 ■ R45, Franschhoek ■ +27 21 876 2116 ■ So geschl. ■ RRR
Genießen Sie kleine Gerichte und prämierte Weine bei ungezwungener Atmosphäre in einem elegant-rustikalen Ambiente.

6 La Petite Ferme
Karte F2 ■ Franschhoek Pass Road ■ +27 21 876 3016 ■ So–Do abends geschl. ■ RRR
Das Weingut-Restaurant bietet tolle Gerichte aus aller Welt und eine verglaste Veranda mit Blick übers Tal.

7 Pierneef à La Motte
Karte F2 ■ +27 21 876 8000 ■ Mo, abends geschl. ■ RRR
Der Name des Restaurants auf dem Weingut La Motte *(siehe S. 96)* bezieht sich auf den Landschaftsmaler, von dem es hier einige Werke gibt. Serviert wird moderne Kapküche.

8 Grande Provence
Karte F2 ■ Main Road, Franschhoek ■ +27 21 876 8600 ■ RRR
Das edle Restaurant des Weinguts bietet ein Sechs-Gänge-Menü mit passenden Weinen, man kann aber auch à la carte essen.

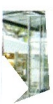

Restaurant des Guts Grande Provence

9 Arkeste Restaurant
Karte F2 ■ 40 Uitkyk St, Franschhoek ■ +27 21 876 8415 ■ RRR
Das auf einem Weingut am Waldrand gelegene Restaurant bietet kreative Menüs.

10 The Werf Restaurant
Karte E2 ■ Pniel Road, Groot Drakenstein ■ +27 21 870 4209 ■ So–Di abends geschl. ■ RRR
Das exquisite Restaurant des Weinguts Boschendal *(siehe S. 36)* ist im Keller des schönen Herrenhauses untergebracht.

Siehe Karte S. 90f

🔟 Südkap & Westküste

Wer sich von Kapstadts Attraktionen lösen kann, sollte unbedingt auch andere Teile der Kapregion erkunden, die eine durchgehend malerische Küste, mit Fynbos bedeckte Berge und prosperierender Weinbau prägen. Zu den Sehenswürdigkeiten östlich von Kapstadt zählen die Walker Bay mit tollen Möglichkeiten zur Walbeobachtung, das De Hoop Nature Reserve und Kap Agulhas, der südlichste Punkt Afrikas. Die Westküste Richtung Lambert's Bay präsentiert wunderbare Landschaften mit fantastischer Blütenvielfalt.

Zebra, De Hoop Nature Reserve

TOP**10**-Attraktionen
siehe S. 101–103

Mittagslokale
siehe S. 105

Dies & Das
siehe S. 104

Lambert's Bay
Graafwater
R364
Clanwilliam
Elandsbaai
Sandberg
Baboon Point
Cederberg
Paleisheuwel
Noordkuil
Citrusdal
Eendekuil
Stompneusbaai
Aurora
Pools
Paternoster & Cape Columbine
Sauer
Bokfontein
Saldanha
De Hoek
Komsberg
Langebaan
Hopefield
Porterville
Hillandale
West Coast National Park
Moorreesburg
Hottentotskloof
Matjiesfontein
Rust
Darling
Tulbagh
Touwsrivier
Yzerfontein
Riebeek Kasteel
Ceres
Matroosberg
Touws
Dassen Island
Malmesbury
Wolseley
De Doorns
Bokpunt
Atlantis
Wellington
Worcester
Melkbosstrand
Paarl
Robertson
Montagu
Parow
Stellenbosch
Breede
Bonnievale
R62
Kapstadt
McGregor
Stormsvlei
Swellendam
Khayelitsha
Somerset West
Greyton
Malgas
False Bay
Strand
Rietpool
De Hoop Nature Reserve
Simon's Town
Betty's Bay
Kleinmond
Caledon
Cape Point
Hermanus
Stanford
Oukraal
Waenhuiskrans (Arniston)
Atlantischer Ozean
Gansbaai
Bredasdorp
Pearly Beach
Agulhas National Park
Struisbaai

0 km   50

Swartruggens
Skurweberge
Doring
Swartberge

1 Hermanus
Karte U5 ■ Information: +27 28 313 8930 ■ www.hermanus-tourism.co.za

Die Kleinstadt südöstlich von Kapstadt liegt auf den blanken Felsklippen, die die Walker Bay umschließen. Der Berg-Fynbos im Fernkloof Nature Reserve ist eine Attraktion. Hermanus ist aber vor allem für die großartigen Möglichkeiten bekannt, von Juni bis November von Land aus Wale zu beobachten. Die Stellen, an denen Südkaper nahe der Stadt an die Wasseroberfläche kommen, werden vom »Whale Crier« angezeigt.

2 De Hoop Nature Reserve
Karte W5 ■ +27 87 087 8250 ■ tägl. 7.30–16 Uhr ■ Eintritt ■ www.capenature.co.za

Das Areal östlich von Agulhas, das größte Habitat von Küsten-Fynbos in ganz Südafrika, ist Zuchtgebiet für Buntböcke und Bergzebras. Die hohen Dünen und schroffen Felsen erkundet man auf Spaziergängen, Mountainbiketouren oder einer fünftägigen Wanderung auf dem Pfad, der nach den von Juni bis November an der Küste auftauchenden Walen benannt ist.

3 West Coast National Park
Karte S3 ■ +27 22 772 2144/2145 ■ tägl. 7–18 Uhr (Sep–März bis 19 Uhr) ■ Postberg Flower Reserve: Aug & Sep tägl. 9–17 Uhr ■ Eintritt ■ www.sanparks.co.za

Die unberührte Küstenlinie an der Langebaan Lagoon ist von Kapstadt aus mit dem Auto in einer Stunde zu erreichen. Besonders reizvoll ist es in August und September, wenn um den Postberg die Wildblumen blühen, aber auch im Rest vom Jahr lohnt der Besuch wegen der Tierwelt, die Elenantilopen, Klippschliefer und diverse Watvögel umfasst. Auf Inseln vor der Küste brüten zehn Meeresvogelarten. Das Erholungsgebiet an der Lagune ist bei Wassersportlern beliebt *(siehe S. 45)*.

Wildblumen im West Coast National Park

4 Paternoster & Cape Columbine
Karte S2

Der Küstenort Paternoster am Cape Columbine nördlich von Kapstadt ist für seine hübschen, traditionell weiß getünchten Fischerhütten und für leckere Krebsgerichte bekannt. Das benachbarte Columbine Nature Reserve schützt einen Küstenstreifen, der von Kajakfahrern sehr geschätzt wird und von August bis Oktober in herrlicher Blüte steht.

Blick über den reizenden Ort Paternoster

Prähistorische Felszeichnungen in den Cederberg Mountains

⑤ Cederberg
Karte U2 ▪ +27 87 087 8250
▪ www.cederberg.co.za

Cederberg Conservancy (Farmland) und das Schutzgebiet Cederberg Wilderness Area *(siehe S. 44)* bilden das Herz der Cederberg-Region, die für atemberaubende Sandsteinformationen, eindrucksvolle Felszeichnungen und besonderen Reichtum an endemischer Flora und Fauna steht. Hier kann man gut mehrere Tage verbringen, es werden aber auch Tagesausflüge in die Berg- und Karoo-Regionen angeboten.

Drostdy, Swellendam

⑥ Swellendam
Karte W5 ▪ Information:
+27 28 514 8500 ▪ www.visit
swellendam.co.za

Die hübsche Kleinstadt wurde 1745 an der abgelegenen Ostgrenze der Kapkolonie gegründet. Kapholländische Gebäude wie die 1747 als Sitz des Magistrats errichtete Drostei *(drostdy)*, die jetzt als Heimatkundemuseum dient, sorgen für historisches Flair. Außerhalb der Stadt fin-

det sich im Bontebok National Park noch ein Rest Renosterveld, eine inzwischen seltene Fynbos-Art. Der Park wurde 1931 zum Schutz der 30 verbliebenen Buntböcke gegründet – heute leben hier gut 200 Tiere.

⑦ Agulhas National Park
Karte V6 ▪ +27 28 435 6078
▪ **tägl. 7.30–18 Uhr ▪ Leuchtturm:**
tägl. 9–17 Uhr; Eintritt ▪ www.
sanparks.co.za

Am Kap Agulhas, dem südlichsten Punkt Afrikas, fließen Atlantischer und Indischer Ozean zusammen. Den Namen (»Nadeln«) prägten portugiesische Seefahrer angesichts der spitzen Felsen vor der Küste, an denen rund 250 Schiffe zerschellten. Der 1999 gegründete Nationalpark birgt Südafrikas ältesten Leuchtturm (1849) und Felsstrände mit rauem Charme.

⑧ Riebeek Kasteel
Karte U3 ▪ Information: +27 22
001 0096 ▪ www.riebeekvalley.info

Das Städtchen in der Region Swartland hat Künstlerflair und ist ein be-

---

Wale & Delfine

In südafrikanischen Meeren wurden bisher beachtliche 42 Arten Wale und Delfine gesichtet. Wegen der Südkaper, die zu geschützten Buchten wie Walker und False Bay wandern, ist das Westkap für die Walbeobachtung ideal. Auch Große Tümmler sind hier regelmäßig zu sehen: Im Kielwasser von Schiffen drehen sie munter ihre Pirouetten.

liebtes Wochenendziel der Kapstädter. Riebeek Valley ist für Oliven berühmt – ein Festival im Mai ehrt die Frucht –, es gibt hier aber auch immer mehr Winzer, die gute Rotweine erzeugen. In der Altstadt von Riebeek Kasteel locken kleine Restaurants, zwei Mikrobrauereien, eine Kaffeerösterei und eine Chocolaterie Feinschmecker an. Im benachbarten Riebeek West ist samstags Markt.

⑨ Gansbaai

Karte U6 ▪ Information: +27 28 384 1439 ▪ www.gansbaaiinfo.com

Bootsfahrten von Gansbaai (Goose Bay) führen nach Dyer Island, wo zahlreiche Seevögel leben, und nach Geyser Island mit seiner Robbenkolonie. Eine Attraktion ist das Haikäfigtauchen in den vorgelagerten Gewässern und im Kanal zwischen beiden Inseln. Das African Penguin & Seabird Sanctuary ist ein Rehabilitationszentrum für verletzte Seevögel.

Südafrikanische Seebären, Gansbaai

⑩ Tulbagh

Karte U3 ▪ Information: +27 23 230 1348 ▪ www.tulbaghtourism.co.za

Der Ort am Fuß der Groot Winterhoek Mountains wurde 1700 gegründet. Die Entfernung zu Kapstadt und die Lage in einem Weinbaugebiet mit über 20 Weingütern machen ihn als Urlaubsort reizvoll. Gut 30 kapholländische Gebäude im Ortskern versetzen Besucher in die Vergangenheit. Die Kulisse bilden von Fynbos überzogene Berge, die zum Wandern, zum Reiten und zur Tierbeobachtung einladen.

Zwei-Tages-Tour

▶ Tag 1

Folgen Sie der N2 von **Kapstadt** nach Südosten. Nach etwa 45 Minuten geht es bei **Strand** rechts auf die R44. Die 75 Kilometer bis Hermanus sind in einer Stunde zu schaffen, doch am Clarence Drive laden Aussichtspunkte mit tollem Blick auf die False Bay zu Halts ein und auch der **Harold Porter Botanical Garden** *(siehe S. 104)* in **Betty's Bay** lohnt den Besuch – entspannen Sie dort inmitten von Fynbos. In **Hermanus** angekommen beziehen Sie ein Hotel und essen im **Burgundy Restaurant** oder im **Dutchies** *(siehe S. 105)* zu Mittag. Nachmittags folgen Sie dem Pfad auf den Klippen nach Westen oder bummeln durch die Stadt – stets ein Auge auf dem Meer wegen der Wale. Bei gutem Wetter lockt der **Onrus Beach**. Fürs Abendessen empfiehlt sich das Burgundy oder das Origins at The Marine *(siehe S. 105)*.

▶ Tag 2

Gleich nach dem Frühstück geht es nach **Gansbaai** und aufs Boot Richtung Dyer Island, um Wale, Delfine oder den berüchtigten Weißen Hai sowie Meeresvögel wie Kaptölpel, Kormorane und Schwarze Austernfischer zu sichten. Auf der Fahrt zurück essen Sie im **Springfontein Eats** *(siehe S. 105)* zu Mittag, bevor Sie auf der N2 nach **Somerset West** fahren und die Aussicht an **Houw Hoek** und **Sir Lowry's Pass** genießen. Wenn Zeit ist, fahren Sie noch zum **Weingut Vergelegen** *(siehe S. 93)* und lassen dort den Tag bei einer Weinprobe ausklingen.

Siehe Karte S. 100 ←

Dies & Das

① McGregor
Karte V4 ▪ Information: +27 23 625 1954 ▪ www.tourismmcgregor.co.za

Das Dorf in der Gemeinde Langeberg lockt mit Wein-und-Oliven-Verkostungen und mit Wanderpfaden.

② Harold Porter National Botanical Garden
Karte E6 ▪ Betty's Bay ▪ +27 28 272 9311 ▪ Mo – Fr 8 –16.30 Uhr, Sa, So 8 – 17 Uhr ▪ Eintritt ▪ www.sanbi.org

Der Garten verfügt über Wasserfälle und bernsteinfarbene Teiche.

③ Langebaan
Karte S3 ▪ Information: +27 22 772 1515 ▪ www.langebaan-info.co.za

Wassersportler lieben den Ferienort, wo man zwischen Meer und Lagune wählen kann.

④ !Khwa ttu
Karte S3 ▪ R27, Yzerfontein ▪ +27 22 492 2998 ▪ geführte Touren: tägl. 9 –17 Uhr; Eintritt ▪ www.khwattu.org

Das Kulturzentrum spürt dem Erbe des indigenen Volks der San nach.

⑤ Lambert's Bay
Karte T1 ▪ Information: +27 27 432 1000 ▪ www.lambertsbay.co.za

Bootsfahrten führen zur Kaptölpelkolonie des Bird Island Reserve, wobei man auch Delfine und Wale sieht.

⑥ Rocherpan Nature Reserve
Karte T2 ▪ +27 87 087 4177 ▪ tägl. ▪ Eintritt ▪ www.capenature.co.za

In dem saisonalen Feuchtgebiet sind u. a. Rosapelikane und Haubentaucher anzutreffen.

Kogelberg Biosphere Reserve

⑦ Kogelberg Biosphere Reserve
Karte E5 ▪ +27 28 271 4792 ▪ tägl. 7.30 –16 Uhr (Sep – März bis 17 Uhr) ▪ Eintritt ▪ www.capenature.co.za

Das Fynbos-Schutzgebiet eignet sich prima zum Wandern, zum Mountainbiken und zum Kajakfahren.

⑧ Karoo Desert National Botanical Garden
Karte U4 ▪ Roux Road, Worcester ▪ +27 23 342 1298 ▪ tägl. 7 –18 Uhr ▪ Eintritt ▪ www.sanbi.org

Im Garten wachsen Pflanzen aus den Trockenregionen Südafrikas.

⑨ Darling
Karte T3 ▪ Information: +27 22 492 3361 ▪ www.hellodarling.org.za

Die ruhige Stadt ist bekannt für Teestuben und Kunsthandwerksläden, Wein, Cabaret und Wildblumen.

⑩ Robertson
Karte V4 ▪ Information: +27 23 626 4437 ▪ www.robertson-info.co.za

Der Ort liegt an der Weinstraße entlang dem Breede River, wo die Weingüter etwas preiswerter sind als die um Stellenbosch und Franschhoek.

Weinberge rund um Robertson

Mittagslokale

Preiskategorien

Preis für ein Drei-Gänge-Menü pro Person mit einer halben Flasche Wein, inkl. Steuern und Service.

R unter 300 R **RR** 300–400 R **RRR** über 400 R

❶ Origins at The Marine
Karte U5 ■ Marine Drive, Hermanus ■ +27 28 313 1000 ■ RRR

Das Restaurant im Hotel The Marine Hermanus *(siehe S. 119)* eignet sich für ein leichtes Seafood-Mittagessen wie auch für ein Dinnermenü mit passenden Weinen. Zum Aperitiv in The Sun Lounge genießt man Blick auf die Wale in der Walker Bay.

❷ Dutchies
Karte U5 ■ Grotto Beach, Hermanus ■ +27 28 314 1392 ■ RR

Dank der schönen Lage am Wasser kann man im Dutchies beim Genuss der internationalen Gerichte hervorragend Wale beobachten.

❸ Noisy Oyster
Karte S2 ■ 62 St Augustine Rd, Paternoster ■ +27 22 752 2196 ■ RR

Wie der Name schon andeutet, liegt der Fokus hier auf Seafood. Austern, Muscheln und *laksa* – eine scharfe malaysische Suppe – lassen Gäste schwärmen.

❹ Hilda's Kitchen
Karte T3 ■ R27, Darling ■ +27 22 492 2825 ■ Mo, Di; Mi–So abends geschl. ■ RR

Im Restaurant auf dem Weingut Groote Post wird bodenständige und echt leckere Landküche serviert. Die Karte wechselt täglich, aber immer stehen Fleisch-, Fisch- und Nudelgerichte zur Wahl.

❺ Olive Terrace Bistro
Karte U3 ■ 22 Van Der Stel St, Tulbagh ■ +27 23 230 0071 ■ RR

Das Bistro im Tulbagh Hotel bietet ein À-la-carte-Menü mit südafrikanischen Speisen. Man sitzt am Kamin oder auf der Terrasse.

❻ !Khwa ttu
Karte S3 ■ R27, West Coast Rd, Yzerfontein, Darling ■ +27 22 492 2998 ■ abends geschl. ■ RR

Genießen Sie typische Gerichte aus frischen Zutaten der Region.

❼ Springfontein Eats
Karte U5 ■ 8 Wortelgat Rd, Stanford ■ +27 28 341 0671 ■ Do–Sa mittags, Do–So abends geschl. ■ RRR

Das Restaurant in einem Weingut bietet ein drei- bis sechsgängiges Degustationsmenü mit Zutaten aus dem Gemüsegarten, die Weinkarte listet die passenden edlen Tropfen.

Burgundy Restaurant

❽ Burgundy Restaurant
Karte U5 ■ Marine Drive, Hermanus ■ +27 28 312 2800 ■ RR

Die mediterrane Küche des Lokals mit Meerblick ist toll. Das alte Haus wurde zum Kulturerbe erklärt.

❾ Die Strandloper
Karte S3 ■ Langebaan Lagoon ■ +27 83 227 7195 ■ Mo, Di, Do; Mi, Fr abends geschl. ■ keine Kreditkarten ■ RRR

Das Restaurant bietet ein leckeres Büfett mit Fisch vom Grill, für das man unbedingt reservieren sollte.

❿ Muisbosskerm Restaurant
Karte T1 ■ R365, 4 km südl. von Lambert's Bay ■ +27 27 432 1017 ■ So geschl. ■ RR

Das Freiluftrestaurant am Strand serviert köstliche Kap-Gerichte.

Siehe Karte S. 100 ←

Reise-Infos

Leuchtend bunte Häuser in Bo-Kaap

Anreise & In Kapstadt unterwegs

Anreise mit dem Flugzeug

Der **OR Tambo International Airport** (JNB) bei Johannesburg ist der wichtigste internationale Flughafen Südafrikas. Von ihm gibt es zahlreiche Inlandsflüge nach Kapstadt. Manche Fluggesellschaften fliegen auch direkt von Europa nach Kapstadt, darunter **Lufthansa**, **Condor**, **Swiss**, **British Airways** und **KLM**.

Der **Cape Town International Airport** (CPT) liegt 20 Kilometer östlich des Stadtzentrums an der N2. Die meisten Flüge kommen aus Johannesburg und Durban, Verbindungen mit Bloemfontein, Gqeberha (früher Port Elizabeth) und anderen südafrikanischen Städten sind seltener. Preisgünstige Alternativen zu **South African Airways** sind Billigflüge mit **Airlink**, **Lift** und **FlySafair**.

Am Flughafen warten Taxis und Shuttledienste, auch mit einigen Hotels kann die Abholung arrangiert werden. Günstiger ist die Fahrt ins Stadtzentrum jedoch mit den Flughafenbussen von MyCiTi, mit denen man das Zentrum in 25 bis 30 Minuten erreicht. Sie fahren alle 30 Minuten.

Anreise mit dem Schiff

Kreuzfahrtschiffe legen auf ihren Fahrten zu Inseln im Indischen Ozean und nach Europa im **Port of Cape Town** an. Der Hafen liegt in Gehweite von der V&A Waterfront und ungefähr zehn Fahrminuten vom Zentrum entfernt.

Anreise mit dem Zug

Kapstadts Vorortzüge werden überwiegend von Berufspendlern und nur selten von Urlaubern genutzt. Fernzüge von **Shosholoza Meyl** kommen aus Johannesburg und East London nach Kapstadt. Luxuriösere und entsprechend teurere Optionen zwischen Pretoria / Tshwane und Kapstadt sind der **Blue Train** und die Züge von **Rovos Rail**.

Anreise mit dem Bus

Busse fahren auf den Hauptstrecken Südafrikas und sind eine komfortable und preisgünstige Option. Busse von **Intercape** verbinden Kapstadt mit anderen größeren Städten und beliebten Touristenorten. Sie kommen in Kapstadt am **Busbahnhof Adderley Street** nahe dem Hauptbahnhof an.

Regionalzüge

Die Southern Line der **Metrorail** – von Kapstadt entlang der Kalk Bay nach Simon's Town – ist für Urlauber zu empfehlen (siehe S. 31). Metrorail fährt auch regelmäßig nach Stellenbosch. Die Tickets müssen vor der Fahrt gekauft werden. Im Zug werden keine Haltestellen ausgerufen, auch Fahrpläne hängen nicht aus. Am Tag sind die Züge sicher, nachts jedoch sollten Sie leere Wagen besser meiden.

Regionalbusse

MyCiTi ist Kapstadts wichtigstes Busunternehmen. Fahrpläne, Ticketinformationen und Streckennetzpläne finden Sie auf der Website des Unternehmens. Für die Fahrt benötigt man eine Prepaid-Karte. Sie ist an MyCiTi-Kiosken, an größeren Haltestellen und im Einzelhandel für 35 Rand erhältlich.

Wer den Bus jedoch ausschließlich für eine Fahrt zwischen Flughafen und Stadtzentrum oder V&A Waterfront nutzen möchte, kann hierfür eine Single-Trip Card für 80 Rand erwerben.

In Kapstadt und den Vororten sind auch ältere Busse von **Golden Arrow** zu sehen. Im Vergleich zu MyCiTi gibt es weniger Haltestellen, dafür kann man an Bord bar zahlen.

Autovermietung

Mietwagenpreise beginnen bei 450 bis 650 Rand pro Tag. In der Regel sind 200 Kilometer frei, bei manchen Anbietern sind alle gefahrenen Kilometer inklusive. Internationale Anbieter wie **Avis** und **Hertz** sind in Kapstadt vertreten. Günstiger sind regionale Unternehmen wie **Around About Cars** und **Tempest Car Hire**. Die besten Deals ergattert man über Vergleichsportale wie **Argus Car Hire**.

Parken

Im Stadtzentrum gibt es reichlich bezahlbare Parkplätze. Außerhalb des Zentrums stehen oft Parkwächter am Straßenrand, die für ein Trinkgeld von fünf Rand (tagsüber) bis zehn Rand (nachts) Ihren Wagen im Auge behalten.

Verkehrsregeln

In Südafrika herrscht Linksverkehr. Das Tempolimit auf Autobahnen beträgt in der Regel 120 km/h. Es gibt viele Radarkontrollen. Achten Sie auf teils unvermittelt drastische Geschwindig-keitsbeschränkungen. Zahlen Sie eine Strafe nie direkt bei einer Polizeikontrolle, verlangen Sie stattdessen einen Strafzettel und zahlen Sie später in einem Polizeirevier.

Minibus-Taxis

Die von Kleinbusbesitzern betriebenen Taxis sind für viele Kapstädter das öffentliche Verkehrsmittel schlechthin. Sie sind preiswert, man kann sie heranwinken, sie fahren aber meist erst los, wenn sie voll besetzt sind. Bezahlt wird beim Einstieg beim Beifahrer. Preise beginnen bei zwölf Rand für eine Kurzstrecke.

Taxis & Fahrdienste

Taxis in Kapstadt verlangen etwa 15 Rand pro Kilometer. Es ist besser, einen Wagen bei **Excite Taxis**, **Rikkis Taxis** oder **Intercab** zu ordern, als ihn an der Straße heranzuwinken. Fahrdienstleister wie **Uber** und **Bolt** sind u. a. in Kapstadt und am Flughafen verfügbar.

Radfahren

Kapstadt baut sein Radwegenetz immer weiter aus. **Rent a Bicycle** und **Up Cycles** haben Verleihstationen im Zentrum und an der V&A Waterfront.

Anreise mit dem Flugzeug

Airlink
🔲 flyairlink.com

British Airways
🔲 britishairways.com

Cape Town International Airport
Karte C3 ▪ Matroosfontein, Cape Town
📞 +27 21 937 1200
🔲 airports.co.za

Condor
🔲 condor.com

FlySafair
🔲 flysafair.co.za

KLM
🔲 klm.com

Lift
🔲 lift.co.za

Lufthansa
🔲 lufthansa.com

OR Tambo International Airport
Kempton Park, Gauteng
📞 +27 11 921 6262
🔲 airports.co.za

South African Airways
🔲 flysaa.com

Swiss
🔲 swiss.com

Anreise mit dem Schiff

Port of Cape Town
🔲 transnetnationalports authority.net

Anreise mit dem Zug

Blue Train
🔲 bluetrain.co.za

Rovos Rail
🔲 rovos.com

Shosholoza Meyl
🔲 shosholozameyl.co.za

Anreise mit dem Bus

Busbahnhof Adderley Street
Karte Q4

Intercape
🔲 intercape.co.za

Regionalzüge

Metrorail
🔲 metrorail.co.za

Regionalbusse

Golden Arrow
🔲 gabs.co.za

MyCiTi
🔲 myciti.org.za

Autovermietung

Argus Car Hire
🔲 arguscarhire.com

Around About Cars
🔲 aroundaboutcars.com

Avis
🔲 avis.co.za

Hertz
🔲 hertz.co.za

Tempest Car Hire
🔲 tempestcarhire.co.za

Taxis & Fahrdienste

Bolt
🔲 bolt.eu/de/de/cities/cape-town

Excite Taxis
🔲 excitetaxis.co.za

Intercab
🔲 intercab.co.za

Rikkis Taxis
🔲 rikkistaxis.co.za

Uber
🔲 uber.com

Radfahren

Rent a Bicycle
🔲 rentabicycle.co.za

Up Cycles
🔲 upcycles.co.za

Praktische Hinweise

Einreise

Bürger aus EU-Staaten und der Schweiz benötigen für die Einreise und einen Aufenthalt von bis zu 90 Tagen einen Reisepass, der mindestens 30 Tage über das Ausreisedatum hinaus gültig ist und über zwei oder mehr freie Seiten für Sichtvermerke verfügt. Auch Kinder benötigen eigene Reisedokumente mit Foto.

Ein Visum ist nicht erforderlich. Wer die Aufenthaltsfrist überzieht, und sei es auch nur um wenige Tage, wird zur »unerwünschten Person« erklärt und mit einer Einreisesperre von einem bis fünf Jahren belegt.

Zoll

Nach Südafrika dürfen zollfrei eingeführt werden: 50 Milliliter Parfum, zwei Liter Wein, ein Liter Spirituosen, 200 Zigaretten, 250 Gramm Tabak, 20 Zigarren sowie Waren in einem Wert von bis zu 5000 Rand.

Die Einfuhr von südafrikanischer Währung ist unbeschränkt möglich, ab einem Gegenwert von 25 000 Rand aber deklarationspflichtig.

Konsulate

Deutschland, Österreich und die Schweiz betreiben **Konsulate** in Kapstadt. Das jeweilige Konsulat des Heimatlandes ist Anlaufstelle im Falle des Verlusts von Ausweispapieren, aber auch in Krisensituationen.

Reise- & Sicherheitshinweise

Aufgrund unvorhersehbarer Entwicklungen kann es zu Änderungen und Einschränkungen kommen. Aktuelle Hinweise zur Einreise und Sicherheitshinweise finden Sie beim deutschen **Auswärtigen Amt**, beim **österreichischen Bundesministerium für europäische und internationale Angelegenheiten** oder beim **Eidgenössischen Departement für auswärtige Angelegenheiten der Schweiz**.

Versicherung

Südafrika hat keine gegenseitigen Gesundheitsabkommen mit anderen Ländern. Für ärztliche Leistungen und die Behandlung in Krankenhäusern müssen Patienten grundsätzlich Vorauszahlungen in oft beträchtlicher Höhe leisten. Eine Reiseversicherung in Kombination mit einer Auslandskrankenversicherung ist deshalb unabdingbar. Unfall- und Zahnarztversorgung, ein eventueller Rücktransport, Diebstahl und Verlust sowie Stornogebühren sollten mit in der Versicherungsleistung eingeschlossen sein. Viele Versicherungen bieten entsprechende Kombinationen.

Medizinische Versorgung

Die medizinische Versorgung in Südafrika ist in der Regel gut. Die Krankenhäuser bieten angemessene Leistungen, sind jedoch in der Regel unterfinanziert und personell unterbesetzt.

In und um Kapstadt gibt es mehrere exzellente Privatkrankenhäuser, darunter Einrichtungen der Betreiber **Mediclinic** und **Netcare**. **Groote Schuur** ist ein erstklassiges öffentliches Krankenhaus mit Notaufnahme.

Die für Reisen in tropische Länder empfohlenen Impfungen sind für einen Aufenthalt in Kapstadt nicht nötig. Zur Sicherheit kann eine Auffrischung des Polio- und Tetanus-Schutzes nicht schaden. Personen, die aus Gelbfiebergebieten, darunter einige andere afrikanische Staaten, einreisen, müssen einen Impfschutz nachweisen.

Die meisten Apotheken haben übliche Öffnungszeiten, manche sind bis spätabends oder rund um die Uhr in Betrieb. Die **Lite-Kem Pharmacy** ist täglich bis 21 Uhr geöffnet.

Der Prozentsatz von mit HIV infizierten Personen ist in Südafrika hoch. Kondome sind in Apotheken, Supermärkten und Tankstellen erhältlich.

Falls nicht anders angegeben, ist Leitungswasser in Südafrika trinkbar. Trinken Sie nicht aus Brunnen.

Rauchen

In öffentlichen Verkehrsmitteln, Taxis, Restaurants und den meisten öffentlichen Gebäuden ist das Rauchen untersagt.

Persönliche Sicherheit

Südafrika hat eine hohe Verbrechensrate, doch als Urlauber trifft man äußerst selten auf etwas anderes als die in Großstädten übliche Kleinkriminalität. Führen Sie nur wenig Bargeld mit sich und tragen Sie Wertsachen verdeckt. Meiden Sie verlassene Orte und seien Sie nach Einbruch der Dunkelheit besonders vorsichtig. Nach Sonnenuntergang sollten Sie sich nicht mehr in den Townships aufhalten, es sei denn im Rahmen einer organisierten Tour. Fahren Sie nur in offiziellen Taxis nach Hause.

Auf den Wanderwegen rund um den Tafelberg kam es bereits zu Übergriffen. Wandern Sie nie allein und teilen Sie zudem stets jemandem Ihre aktuelle Route mit.

Raubüberfälle auf Autofahrer sind in Kapstadt sehr selten. Seien Sie dennoch vorsichtig, vor allem, wenn Sie nachts an einer Ampel stehen.

An Geldautomaten arbeiten Betrüger mit zwei Verfahrensweisen: Ein scheinbar hilfsbereiter Einheimischer läuft mit Ihrer Karte davon oder man bewerkstelligt während des Abbuchungsvorgangs, dass die Karte im Automaten stecken bleibt. Außerhalb der Banköffnungszeiten und in abgelegenen Gebieten ist das Risiko am größten. Geben Sie Ihre PIN niemals preis und achten Sie darauf, dass Sie beim Eintippen nicht beobachtet werden.

Grundsätzlich gilt: Niemals den Helden spielen! Geben Sie einem Räuber Ihre Habe und verständigen Sie später die Polizei.

Notfälle

Die Notrufnummer der Polizei lautet 10111, Krankenwagen und Feuerwehr rufen Sie mit 10177. Wer mit dem Handy telefoniert, wählt im Notfall 112.

LGBTQ+

2006 wurde in Südafrika die gleichgeschlechtliche Ehe legalisiert. Während Kapstadt sicherlich die LGBTQ+ Hauptstadt Afrikas ist, trifft man in kleineren Städten und ländlichen Gebieten auf weniger Toleranz. Bei Problemen wenden Sie sich an die **Safe Space Alliance**.

Reisende mit besonderen Bedürfnissen

Die meisten Sehenswürdigkeiten, Shoppingmalls und Hotels sowie manche öffentlichen Verkehrsmittel, darunter die MyCiTi-Busse, sind für Rollstühle zugänglich.

Wenn Sie einen Wagen mieten, fragen Sie nach einem Berechtigungsausweis für Behindertenparkplätze.

Spezielle Programme für behinderte Reisende bieten z. B. **Endeavour Safaris**, **Epic Enabled** und **Flamingo Tours**.

Konsulate

Deutschland
Karte Q6 ■ Roeland Park, 4 Stirling St
☎ +27 21 405 3000

Österreich
Karte B2 ■ 1a Lower Scott Rd
☎ +27 63 131 9766

Schweiz
Karte Q4 ■ 2 Riebeek St
☎ +27 21 400 7500

Reise- & Sicherheitshinweise

🔲 auswaertiges-amt.de
🔲 bmeia.gv.at
🔲 eda.admin.ch

Medizinische Versorgung

Groote Schuur
🔲 gsh.co.za

Lite-Kem Pharmacy
🔲 litekem.co.za

Mediclinic
🔲 mediclinic.co.za

Netcare
🔲 netcare.co.za

Kartenverlust

Allgemeine Notrufnummer
☎ +49 1161 16

American Express
☎ +49 69 97 97 20 00

Diners Club
☎ 0860 346 377

MasterCard
☎ 0800 990 418

Visa
☎ 0800 990 475

LGBTQ+

Safe Space Alliance
🔲 safespacealliance.com

Reisende mit besonderen Bedürfnissen

Endeavour Safaris
🔲 endeavour-safaris.com

Epic Enabled
🔲 epic-enabled.com

Flamingo Tours
🔲 flamingotours.co.za

Zeitzone

Die South African Standard Time (SAST) entspricht der Mitteleuropäischen Sommerzeit (MESZ) und ist unserer Winterzeit (MEZ) um eine Stunde voraus.

Geld

Südafrikas Währung ist der Rand (R bzw. ZAR). 100 Cent sind 1 Rand. Geldscheine sind in Werten von 10, 20, 50, 100 und 200 Rand im Umlauf, Münzen in den Werten 1, 2 und 5 Rand sowie 10, 20 und 50 Cent.

Die meisten Banken sind montags bis freitags von 9 bis 15.30 Uhr und samstags von 8.30 bis 11.30 Uhr geöffnet.

Gängige Kredit- und Debitkarten werden von fast allen Hotels, Restaurants und Läden akzeptiert.

Bei Verlust lassen Sie Ihre Karte(n) unverzüglich sperren. Die Telefonnummern finden Sie im Kasten auf Seite 111.

Strom

Südafrikanische Stecker haben drei runde Stifte. In vielen Hotels sind, falls es keine Dosen für europäische Stecker mit Doppelstift gibt, entsprechende Adapter vorrätig. Doch es kann natürlich nicht schaden, wenn Sie einen Adapter mitnehmen. Die Stromspannung beträgt 230 V bei 50 Hz.

Mobiltelefone und WLAN

Die internationale Vorwahl für Südafrika ist +27. Kapstadt hat die Vorwahl 021, Mobiltelefonnummern beginnen mit 06, 07 oder 08. Bei allen Telefonaten innerhalb des Landes (dies gilt auch für Ortsgespräche) muss die Vorwahl der Stadt inklusive der 0 mitgewählt werden.

Roaming-Gebühren können exorbitant sein. Zur Vermeidung unangenehmer Überraschungen sollte man sich vor Reiseantritt bei seinem Mobilfunkanbieter erkundigen. Eine Alternative ist der Kauf einer südafrikanischen SIM-Karte. Dazu benötigen Sie einen Reisepass und einen Nachweis Ihrer Adresse in Südafrika, diese Reservierungsbestätigung kann von Ihrer Unterkuft ausgestellt werden.

Die meisten Hotels stellen ihren Gästen WLAN zur Verfügung, was aber nicht immer kostenfrei genutzt werden kann. In vielen Bars, Restaurants, Cafés, Pensionen und Hostels ist es hingegen gratis. An den Flughäfen müssen Sie sich anmelden, um auf das WLAN zugreifen zu können.

Post

Postsendungen nach und aus Südafrika werden langsam erledigt. Luftpost nach Europa benötigt etwa eine Woche. Schneller ist der in vielen großen Malls ansässige Zustelldienst **PostNet**. Für Wertsachen empfehlen sich internationale Kurierdienste.

Klima

Die Sommerzeit von Oktober bis März ist Hauptsaison. Im Winter gibt es schöne milde Tage, aber auch Kälte, Nieselregen und Wind.

Die beste Reisezeit ist zwischen Ende August und Oktober: Dann sind nicht zu viele Besucher unterwegs, das Wetter ist angenehm gemäßigt und die Wildblumen blühen prächtig.

Öffnungszeiten

Postfilialen und Büros der Stadt sind montags bis freitags von 8.30 bis 16.30 Uhr geöffnet. Post kann man auch samstags von 8.30 bis 11.30 Uhr aufgeben. Öffnungszeiten von Sehenswürdigkeiten sollten Sie vorab prüfen.

Information

Das Hauptbüro von **Cape Town Tourism** im Stadtzentrum bietet Informationen über Kapstadt und die Provinz Westkap. Weitere Büros finden sich an beliebten Sehenswürdigkeiten wie Tafelberg und V&A Waterfront sowie am Flughafen.

Die Fremdenverkehrsämter von **Franschhoek**, **Stellenbosch** und den **Winelands** betreiben eigene Websites.

Zu Kapstadt gibt es zahlreiche Blogs, Lifestyle-Apps und Onlinemagazine. **EatOut** widmet sich den Gaumenfreuden, **Mother City Living** den Märkten und dem Umweltschutz. **Cape Town Magazine** und **What's on in Cape Town** sind Websites zu Veranstaltungen in der Region.

Wenn Sie mehrere Sehenswürdigkeiten besuchen möchten, kann sich ein Cape Town City

Pass lohnen. Diesen erhält man bei Cape Town Tourism in drei Varianten, die unterschiedliche Vergünstigungen bieten.

Etikette

Südafrika ist ein multikulturelles, ethnisch sehr vielfältiges und in den Städten sehr tolerantes Land. Besucher werden dort kaum Anpassungsschwierigkeiten haben. Die Kleiderordnung ist in der Regel mit wenigen Ausnahmen leger. In einigen Spitzenrestaurants wird jedoch korrekte Kleidung erwartet, an Stränden ist es Frauen untersagt, mit freiem Oberkörper zu schwimmen oder sich zu sonnen, Nacktbaden ist nirgendwo erlaubt.

Beim Besuch von religiösen Stätten sollten Sie sich respektvoll verhalten. Gespräche mit politischem Inhalt sind generell zu meiden. Natürlich sollte man Menschen, die man fotografieren möchte, vorher um Erlaubnis fragen. Übrigens: Trinkgeld wird überall gern gesehen.

Nachhaltiges Reisen

Die Region um Kapstadt litt in der Vergangenheit wiederholt unter schweren Dürren, Wasserknappheit ist ein anhaltendes Problem. Viele Anbieter von umweltfreundlichen Unterkünften gehen sorgsam mit natürlichen Ressourcen um, sammeln Regenwasser und setzen auf Strategien zum Wassersparen. Auch Gäste können ihren Wasserverbrauch reduzieren – z. B. durch kürzeres Duschen oder durch Verzicht auf täglichen Handtuchwechsel.

Auch auf soziale Nachhaltigkeit sollte geachtet werden. Informieren Sie sich vor der Buchung von Touren durch eine Township, ob die Einnahmen deren Bewohnern zugutekommen.

Sprache

Südafrika hat elf Amtssprachen: Englisch, Afrikaans, isiZulu, Siswati, Süd-Ndebele, Sesotho, Nord-Sotho, Xitsonga, Setswana, Tshivenda und isiXhosa. Englisch ist weitverbreitet, besonders in touristisch interessanten Regionen.

Mehrwertsteuer

Die Preise für Waren und Dienstleistungen in Südafrika verstehen sich in der Regel inklusive Mehrwertsteuer, der Mehrwertsteuersatz liegt bei 15 Prozent. Bei der Ausreise kann man sich die entsprechenden Beträge für ausgeführte Artikel rückerstatten lassen. Dafür müssen Sie die originalen Rechnungsbelege vorweisen.

Hotels

Unterkünfte vom Hostel über preiswerte Familienhotels und Apartments für Selbstversorger bis zum Fünf-Sterne-Resort findet man über südafrikanische Buchungsportale wie **WhereToStay** und **SafariNow** sowie über **Booking.com** oder **Airbnb**.

Die Preisspanne reicht von rund 600 Rand für ein Doppelzimmer mit Bad im Hostel bis zu mehr als 10 000 Rand für eine Luxussuite. An Weihnachten und Ostern schießen die Preise in die Höhe, dann müssen Zimmer Monate im Voraus gebucht werden. Günstige Angebote findet man vor allem im Winter zwischen Mai und August.

Post

PostNet
☎ +27 860 767 8638
🌐 postnet.co.za

Information

Cape Town Magazine
🌐 capetownmagazine.com

Cape Town Tourism
Karte P4 ■ Ecke Burg St & Castle St
🌐 capetown.travel

EatOut
🌐 eatout.co.za

Franschhoek
🌐 franschhoek.org.za

Mother City Living
🌐 mothercityliving.co.za

Stellenbosch
🌐 visitstellenbosch.org

What's on in Cape Town
🌐 whatsonincapetown.com

Winelands
🌐 winelands.co.za

Hotels

Airbnb
🌐 airbnb.com

Booking.com
🌐 booking.com

SafariNow
🌐 safarinow.com

WhereToStay
🌐 wheretostay.co.za

Hotels

Preiskategorien
Preis für ein Doppelzimmer pro Nacht mit Frühstück (falls inkl.),
Steuern und Service.

| R unter 1500 R | RR 1500–2500 R | RRR über 2500 R |

Luxushotels

Westin Cape Town
Karte Q3 ▪ 1 Lower Long
St ▪ +27 21 412 9999
▪ www.westincapetown.
com ▪ RR
Da das moderne Hotel in
einem Hochhaus an der
Waterfront vor allem für
Geschäftsreisende aus-
gelegt ist, zeigt es eher
nüchternen Charme,
doch die Einrichtungen
wissen zu überzeugen.

Belmond Mount Nelson Hotel
Karte P6 ▪ 76 Orange St,
Gardens ▪ +27 21 483
1000 ▪ www.belmond.
com ▪ RRR
Mit der viktorianischen
Fassade, den eleganten
Zimmern, seinem exqui-
siten Restaurant und der
großartigen Aussicht ist
das »Nellie« die Nummer
eins in Kapstadt. Auf der
Veranda wird stilvoll
Nachmittagstee serviert.

Camps Bay Retreat
Karte G1 ▪ 7 Chilworth Rd,
Camps Bay ▪ +27 21 437
8300 ▪ www.camps
bayretreat.com ▪ RRR
Umgeben von einem pri-
vaten Naturreservat bie-
tet ein historisches An-
wesen sowohl Zimmer im
Herrenhaus als auch in
einem separaten Bau,
den man über eine Hän-
gebrücke erreicht. Spa
und Gärten machen das
Hotel zum Flitterwochen-
paradies, hier sind aber
auch Kinder willkommen.

Cape Grace
Karte Q2 ▪ West Quay
Road ▪ +27 21 410 7100
▪ www.capegrace.com
▪ RRR
Das Hotel bietet elegante
Zimmer, eine geradezu
überwältigende Anzahl
an Dienstleistungen, die
schmackhafte Küche der
Kapregion und aufmerk-
sames Personal. Einige
Zimmer haben eigenen
Balkon.

Cape Heritage Hotel
Karte P4 ▪ 90 Bree St
▪ +27 21 424 4646 ▪ www.
capeheritage.co.za ▪ RRR
Das historische Hotel am
Heritage Square verfügt
über 17 individuell gestaltete Zimmer mit antiken
Elementen wie Holzböden
und Balken an den hohen
Decken. Im Hof befindet
sich Südafrikas ältester
Weingarten.

The Cape Milner
Karte N5 ▪ 2a Milner Rd,
Tamboerskloof ▪ +27
21 426 1101 ▪ www.
capemilner.com ▪ RR
In dem schicken Hotel
warten 57 erfrischend
minimalistisch gestalte
Zimmer, eine Cocktail-
und Tapas-Lounge, Pool
und Fitnessraum.

One&Only Cape Town
Karte P2 ▪ Dock Road
▪ +27 21 431 5888
▪ www.oneandonly
resorts.com ▪ RRR
Das von modernem afri-
kanischem Flair geprägte

Haus liegt im Zentrum
der angesagten V&A Wa-
terfront. 40 der 131 Zim-
mer und Suiten befinden
sich auf einer Insel in der
Marina.

The Twelve Apostles
Karte G2 ▪ Victoria Road,
Camps Bay ▪ +27 21 437
9000 ▪ www.12apostles
hotel.com ▪ RRR
Zu Füßen der Bergkette
Twelve Apostles liegt
direkt am Atlantik dieses
Fünf-Sterne-Boutique-
hotel mit exzellentem
Service. Das Haus bietet
70 wunderschöne Zim-
mer, ein tolles Spa und
ein eigenes Kino. Es or-
ganisiert Picknicks und
Touren durchs umliegen-
de Fynbos-Gebiet.

Victoria & Alfred Hotel
Karte P2 ▪ Waterfront
Pierhead ▪ +27 21 419
6677 ▪ www.newmark
hotels.com ▪ RRR
In dem einstigen viktorianischen Lagerhaus, das
sich im Zentrum der V&A
Waterfront erhebt, bieten
alle Zimmer prächtige
Aussicht. Für die Suiten
im Loft muss man etwas
mehr hinlegen.

Waterfront Village
Karte Q2 ▪ 4 West Quay
Rd ▪ +27 21 421 5040
▪ www.waterfrontvillage.
com ▪ RRR
Das Fünf-Sterne-Suiten-
hotel bietet luxuriöse
Selbstversorger-Apart-
ments für zwei bis sechs
Personen. Guter Service
und Annehmlichkeiten
wie fünf Swimmingpools
machen es bei Paaren
und bei Familien überaus
beliebt.

Mittelklassehotels

Cape Standard
Karte M2 ■ 3 Romney Rd, Green Point ■ +27 21 430 3060 ■ www.cape standard.co.za ■ RR
Das kleine Hotel mixt europäischen Minimalismus mit dezentem afrikanischen Flair und schafft damit eine helle und angenehm luftige Atmosphäre.

Derwent House
Karte N6 ■ 14 Derwent Rd, Tamboerskloof ■ +27 21 422 2763 ■ www. derwenthouse.co.za ■ RR
Die Zimmer des schicken Boutiquehotels im Herzen der City Bowl bieten Blick auf den Tafelberg. Zum eleganten Dekor gesellen sich Einrichtungen wie Dachterrasse, Pool und Whirlpool.

Peninsula All-Suite Hotel
Karte J4 ■ 313 Beach Rd, Sea Point ■ +27 21 430 7777 ■ www.peninsula. co.za ■ RR
Das Art-déco-Hochhaus an der Küste ist bei Selbstversorgern beliebt. Die Apartments haben ein, zwei oder drei Schlafzimmer, zudem gibt es eine Pool, Sauna und Fitnessraum, ein Terrassenrestaurant, Shuttleservice zu Sehenswürdigkeiten und viele Läden in der Nähe.

The Three Boutique Hotel
Karte P7 ■ 3 Flower St, Oranjezicht ■ +27 21 465 7517 ■ www.thethree. co.za ■ RR
Altes und Neues gehen in dem schönen Hotel eine reizvolle Verbindung ein. Das Haus mit der hübschen Kolonnade stammt von 1740. Gäste entspannen auf der rundum verlaufenden Veranda oder am Pool – oder sie nutzen den Tennisplatz.

Villa Zest
Karte P2 ■ 2 Braemar Rd, Green Point ■ +27 21 433 1246 ■ www.zest boutiquehotel.co.za ■ RR
Wenn Suiten Namen wie Barbarella und Xanadu haben, verweist das schon auf den außergewöhnlichen Charakter des Hotels. Das Design – von den Kunstwerken in den öffentlichen Bereichen bis zu den individuell, mit Anklängen der 1970er Jahre gestalteten Zimmern – ist überwältigend. Hinzu kommen exzellenter Service und ein großartiges Frühstück.

Four Rosmead
Karte N7 ■ 4 Rosmead Ave, Oranjezicht ■ +27 21 480 3810 ■ www.fourrosmead. com ■ RRR
Ein elegant umgestaltetes denkmalgeschütztes Gebäude aus dem Jahr 1903 birgt das Boutiquehotel mit geschmackvoll dezentem Interieur. Kunst sorgt hier für die gewisse afrikanische Note. Gäste können in Sonnenliegen am Pool entspannen.

The Winchester Hotel
Karte L2 ■ 221 Beach Rd, Sea Point ■ +27 21 434 2351 ■ www.winchester. co.za ■ RRR
Das Haus aus den 1920er Jahren mit einem Innenhof voller Bougainvilleen liegt an der Küstenpromenade von Sea Point. Die Zimmer im Erdgeschoss zeigen edwardianischen Stil, die in den oberen Etagen sind modern und geräumiger.

Preiswerte Hotels

Daddy Long Legs
Karte P4 ■ 134 Long St ■ +27 21 422 3074 ■ www.daddylonglegs. co.za ■ R
Dieses Boutiquehotel an der Long Street ist alles andere als konventionell und nicht leicht zu beschreiben. Die 13 Zimmer wurden von verschiedenen Künstlern einzigartig und zuweilen etwas skurril gestaltet.

InnsCape Classic Hotel
Karte Q4 ■ 9 Ryk Tulbagh Square ■ +27 21 418 5161 ■ www.innscapeclassic. com ■ R
Die Zimmer sind einfach, aber komfortabel ausgestattet. Das Frühstücksbüfett ist im Preis enthalten. Weder Bahnhof noch V&A Waterfront liegen weit entfernt.

President Hotel
Karte J5 ■ 4 Alexander Rd, Bantry Bay ■ +27 21 434 8111 ■ www.president hotel.co.za ■ RR
Das Hotel in einem Hochhaus bietet Attraktionen wie einen großen Pool zu vernünftigen Preisen.

Süden der Stadt & Kap-Halbinsel

The Andros Deluxe Boutique Hotel
Karte H2 ■ Newlands Road Höhe Phyllis Road, Claremont ■ +27 21 797 9777 ■ www.andros.co.za ■ RR
Das Hotel ist in einem 1908 errichteten kapholländischen Anwesen untergebracht. Jedes der 15 Zimmer hat eine eigene Veranda und Stilmöbel; es gibt auch ein Suite mit eigenem Pool.

Simon's Town Quayside Hotel

Karte H4 ▪ Jubilee Square, St George's St, Simon's Town ▪ +27 21 786 3838 ▪ www.aha.co.za/quayside ▪ RR

Das erfreulich günstige Vier-Sterne-Hotel beim Quayside Centre (siehe S. 88) bietet tolle Aussicht und 26 sehr geräumige Zimmer – der kleine Aufpreis für eines mit Balkon und Seeblick lohnt sich!

The Cellars-Hohenort

Karte H2 ▪ 93 Brommersvlei Rd, Constantia ▪ +27 21 794 2137 ▪ www.collectionmcgrath.com ▪ RRR

In direkter Nachbarschaft des Kirstenbosch National Botanical Garden bietet dieses elegante Fünf-Sterne-Hotel stilvolle Unterkunft und hervorragende Restaurants wie das Greenhouse (siehe S. 81), wo edle Weine saisonale Menüs begleiten.

Glen Avon Lodge

Karte H2 ▪ 1 Strawberry Ln, Constantia ▪ +27 21 794 1418 ▪ www.glenavon.co.za ▪ RRR

Die Fünf-Sterne-Lodge im Zentrum einer Weinregion verwöhnt mit einem Vier-Gänge-Menü, das in einem rund 200 Jahre alten kapholländischen Anwesen serviert wird.

The Last Word Constantia

Karte H2 ▪ Spaanschemat River Road, Constantia ▪ +27 21 794 7657 ▪ www.thelastword.co.za ▪ RRR

Das Boutiquehotel verfügt über vier luxuriöse Doppelzimmer und fünf Suiten. Das moderne Interieur ziert afrikanische

Kunst. Eigentlich gibt es hier nur Frühstück, doch auf Wunsch wird Gästen ein Essen zubereitet. Es finden sich aber auch einige Lokale in der Nähe.

Steenberg Hotel

Karte H3 ▪ Weingut Steenberg, Tokai ▪ +27 21 713 2222 ▪ www.steenbergfarm.com ▪ RRR

Reetdächer und Giebel schmücken das schöne Fünf-Sterne-Hotel auf dem Weingut Steenberg (siehe S. 80), wo sich mit Catharina's und Bistro Sixteen82 (siehe S. 81) auch gleich zwei tolle Restaurants befinden. Gäste dürfen den Golfplatz des Guts nutzen.

Tintswalo Atlantic

Karte G3 ▪ Chapman's Peak Drive, Hout Bay ▪ +27 21 201 0025 ▪ www.tintswalo.com ▪ RRR

In spektakulärerer Lage als hier am Chapman's Peak Drive fast über den Atlantik ragend kann man in und um Kapstadt wohl kaum wohnen. Ähnlich umwerfend präsentieren sich die Suiten des Fünf-Sterne-Resorts, die Eleganz mit modernem Pfiff kombinieren. Die Holzterrasse mit dem fantastischen Pool liegt nur Meter vom Meer entfernt.

Tintswalo at Boulders

Karte H4 ▪ Gay Rd, Simon's Town ▪ +27 21 773 0900 ▪ www.tintswalo.com ▪ RRR

Diese schöne Villa umfasst neun luxuriöse Suiten und bietet hervorragendes Essen in erstklassiger Lage mit Blick auf die Pinguinkolonie in Boulders.

Vineyard Hotel

Karte H2 ▪ 60 Colinton Rd, Newlands ▪ +27 21 657 4500 ▪ www.vineyard.co.za ▪ RRR

Das schöne Landhaus auf dem üppig grünen Anwesen wurde 1799 für die Reiseschriftstellerin Lady Anne Barnard errichtet. Das Luxushotel bietet Unterkünfte unterschiedlicher Größe, vier Restaurants – auch eine Sushi-Bar – und zwei beheizte Pools.

Stadthotels in der Weinregion

Batavia Boutque Hotel

Karte D2 ▪ 12 Louw St, Stellenbosch ▪ +27 21 887 2914 ▪ www.batavia-stellenbosch.co.za ▪ RR

Wo die Pracht eines klassischen Gästehauses des 19. Jahrhunderts mit Annehmlichkeiten unserer Zeit verbunden ist, lässt sich wahrlich angenehm wohnen. In den neun luxuriösen, individuell gestalteten Suiten sorgen erlesene Antiquitäten und Stilmöbel fürs historische Flair.

Akademie Street Boutique Hotel

Karte F2 ▪ 5 Akademie St ▪ Franschhoek ▪ +27 82 517 0405 ▪ www.aka.co.za ▪ RRR

Unweit vom Stadtzentrum liegt in einer ruhigen Seitenstraße Franschhoeks dieses reizvolle Hotel mit sieben luxuriösen Suiten. Diese verteilen sich auf drei hübsche Häuser im Garten der herrlich idyllischen Anlage. Drei der Suiten verfügen über eigene Pools, die anderen Gäste teilen sich den Hotelpool.

Coopmanhuijs Boutique Hotel

Karte D2 ■ 33 Church St, Stellenbosch ■ +27 21 883 8207 ■ www.coopman huijs.co.za ■ RRR

Die 16 kompakten Zimmer des Hotels in einem denkmalgeschützten Haus (18. Jh.) haben Charme, einige auch einen Balkon. Außerdem warten hier ein Pool und Helena's Restaurant *(siehe S. 98)*.

Grande Roche Hotel

Karte E1 ■ Plantasie Street, Paarl ■ +27 21 863 5100 ■ www.granderoche.com ■ RRR

Am Stadtrand von Paarl, zu Füßen des prächtigen Paarl Rock, liegt eines der besten Hotels der Winelands. Das reizende kapholländische Herrenhaus – ein nationales Denkmal – birgt 34 eleganten Suiten mit traumhafter Aussicht.

Mont Rochelle

Karte F2 ■ Dassenberg Road, Franschhoek ■ +27 21 876 2770 ■ www.virginlimitededition.com/en/mont-rochelle ■ RRR

Das Fünf-Sterne-Hotel in klassischem kapholländischen Stil auf dem Weingut Mont Rochelle *(siehe S. 37)* bietet fantastischen Blick auf Franschhoek. Es verfügt über 34 elegante Zimmer und Suiten, zwei edle Restaurants, ein Spa und einen beheizten Pool.

Oude Werf Hotel

Karte D2 ■ 30 Church St, Stellenbosch ■ +27 21 887 4608 ■ www.oudewerf.co.za ■ RRR

Das 1802 auf dem Fundament einer abgebrannten Kirche erbaute Hotel war eines der ersten Land-

gasthäuser Südafrikas. Das Haus in günstiger Lage birgt 58 Zimmer und ein gutes Restaurant, das hervorragende Kapküche serviert.

Landhotels in der Weinregion

Cascade Country Manor

Karte E1 ■ Waterval Road, Nederburg, Paarl ■ +27 67 785 0855 ■ www.cascademanor.co.za ■ RR

Etwa zehn Kilometer außerhalb von Paarl führt eine Schotterstraße zu diesem stattlichen Haus. Der namensgebende kleine Wasserfall findet sich am anderen Ende eines Olivenhains. Manikürte Rasenflächen, Terrassen und ein schöner Poolbereich prägen die Anlage.

Devon Valley Hotel

Karte D2 ■ Devon Valley Road, nahe Stellenbosch ■ +27 21 865 2012 ■ www.devonvalleyhotel.com ■ RR

Das beliebte Vier-Sterne-Landhotel auf dem Weingut Sylvanvale bietet Gästen zum edwardianischen Flair eine herrliche Aussicht und die Möglichkeit, durch die Weinberge zu wandern. Sein Restaurant Flavours ist preisgekrönt.

Kleine Zalze Lodge

Karte D3 ■ R44, Stellenbosch ■ +27 21 880 0740 ■ www.dezalzelodge.co.za ■ RR

Die von Eichen umgebene Lodge des Guts *(siehe S. 96)* hat Vier-Sterne-Unterkünfte (auch für Selbstversorger) mit Blick auf Berge und Golfplatz zu bieten. Gourmets schätzen das Restaurant *(siehe S. 98)*.

Spier Hotel

Karte D3 ■ Weingut Spier, R310, Stellenbosch ■ +27 21 809 1100 ■ www.spier.co.za ■ RR

Unweit von Stellenbosch blickt das Vier-Sterne-Hotel des Weinguts Spier *(siehe S. 92)* über den Eerserivier. 153 moderne Zimmer gruppieren sich um sechs Höfe und auch ein Pool ist vorhanden.

WedgeView Country House

Karte D3 ■ Bonniemile Road, Stellenbosch ■ +27 21 881 3525 ■ www.wedgeview.co.za ■ RR

Hier genießt man Fünf-Sterne-Luxus in gemütlichem Ambiente: 18 individuell gestaltete Zimmer und Annehmlichkeiten wie beheizte Pools und ein Spa. Der Blick auf die umliegenden Weinberge ist umwerfend.

Asara Wine Estate & Hotel

Karte D3 ■ Weingut Asara, Polkadraai Road, Stellenbosch ■ +27 21 888 8000 ■ www.asara.co.za ■ RRR

Mit 40 Gästezimmern zählt das Weingut-Hotel zu den größeren in der Weinregion. Geboten sind tolle Aussicht, Weinverkostungen, ein Pool, Spa-Anwendungen und ein Wanderpfad durch die Weinberge.

Boschendal Farm

Karte F2 ■ Helshoogte Rd, Franschhoek ■ +27 21 870 4200 ■ www.boschendal.co.za ■ RRR

Die geräumigen Cottages auf dem Gelände des zweitältesten Weinguts der Region sind rustikal möbliert und eine sehr gute Option für Selbstversorger.

Eikendal Lodge

Karte D3 ▪ R44, südl. von Stellenbosch ▪ +27 21 855 3617 ▪ www.eikendal lodge.co.za ▪ RRR

Auf dem Gut Eikendal bietet die grün umrankte Lodge inmitten der Weingärten schöne Unterkunft. Es gibt ein ausgezeichnetes Restaurant und u. a. die Möglichkeit, das Fliegenfischen zu erlernen.

Lanzerac

Karte E3 ▪ Lanzerac Road, Stellenbosch ▪ +27 21 887 1132 ▪ www.lanzerac. co.za ▪ RRR

Im Herzen des rund 300 Jahre alten kapholländischen Weinguts *(siehe S. 34)* am Rand von Stellenbosch bietet ein angesehenes Hotel Fünf-Sterne-Ausstattung – auch ein Spa – und jede Menge Luxus.

The Light House

Karte E1 ▪ 2 Lille St, Courtrai, Paarl ▪ +27 21 873 4600 ▪ www.thelight house.co.za ▪ RRR

Das eindrucksvolle Boutiquehotel inmitten von Weinbergen steht für erstklassigen Service. Von den fünf opulent gestalteten Suiten blickt man auf weitläufige Gärten und den Pool.

La Petite Ferme

Karte F2 ▪ Franschhoek Pass Road, Franschhoek ▪ +27 21 876 3016 ▪ www. lapetiteferme.co.za ▪ RRR

Der Blick aus den Suiten oder den Cottages für Selbstversorger über die Weinregion um Franschhoek ist einfach traumhaft. Auch Restaurant *(siehe S. 99)* und Weinkeller des Guts sind zu empfehlen.

Le Quartier Français

Karte F2 ▪ Wilhelmina Street, Franschhoek ▪ +27 21 492 2222 ▪ www. leeucollection.com/lqf ▪ RRR

Die 21 geräumigen, mit Werken hiesiger Künstler bestückten Zimmer und Suiten des legendären Fünf-Sterne-Hotels gruppieren sich um einen schönen Innenhof voller Rosen und den Pool. Sein Restaurant La Petite Colombe *(siehe S. 58)* ist renommiert.

Südkap & Westküste

Farr Out Guesthouse

Karte S2 ▪ 17 Seemeeu Crescent, Paternoster ▪ +27 22 752 2222 ▪ www.farrout.co.za ▪ R

Außer vier schönen Zimmern – zwei davon mit Balkon und Meerblick – gibt es in dem Gästehaus am Rand von Paternoster auch ein Wigwam im Fynbos-Feld. Von hier aus kann man sehr gut die landschaftliche Schönheit von Cape Columbine erkunden.

The Great White House

Karte U6 ▪ Geelbek Rd, Kleinbaai, Gansbaai ▪ +27 28 384 3273 ▪ www.the greatwhitehouse.co.za ▪ R

Die komfortable Lodge ist der Ablegesteg für Bootsausflüge nach Dyer Island und bietet gut ausgestattete Cottages und eine Auswahl an À-la-carte-Speisen.

Old Mac Daddy Trailer Park

Karte F4 ▪ Valley Road, Elgin ▪ +27 21 884 0241 ▪ www.oldmacdaddy.co. za ▪ R

Etwa eine Autostunde östlich von Kapstadt bilden einige lange schnittigen Wohnwagen ein doch eher unkonventionelles Ferienresort. Die Trailer wurden extra aus den USA importiert und von verschiedenen Künstlern eingerichtet – manchmal hypermodern, manchmal schrill.

Abalone Guest Lodge

Karte U5 ▪ 306 Main Rd, Hermanus ▪ +27 44 533 1345 ▪ www.abalone lodge.co.za ▪ RR

Die Lage des hübschen und komfortablen Gästehauses am Sievers Point ist perfekt für Klippenspaziergänge, Walbeobachtung und die Erkundung von Hermanus.

Agulhas Country Lodge

Karte V6 ▪ Main Road, L'Agulhas ▪ +27 28 435 7650 ▪ www.agulhas countrylodge.com ▪ RR

Alle acht Zimmer des familiengeführten Gästehauses auf einem Hügel über dem südlichsten Punkt Afrikas bieten grandiose Aussicht. Das hauseigene Restaurant serviert mit das beste Seafood an der ganzen Südküste.

Misty Waves Boutique Hotel

Karte U5 ▪ 21 Marine Dr, Hermanus ▪ +27 28 313 8460 ▪ www.hermanus mistybeach.co.za ▪ RR

Das augenfällige Hotel auf den Klippen bietet u. a. eine Lounge, Pool und Jacuzzi sowie ein großartiges Seafood-Restaurant mit fantastischem Blick auf die Bucht. Von hier aus kann man hervorragend Wale beobachten.

Cliff Lodge

Karte U6 ■ 6 Cliff St, De Kelders, Gansbaai ■ +27 28 384 0983 ■ www.clifflodge.co.za ■ RRR
Gästen der Lodge auf den Klippen bei Gansbaai stehen vier große Zimmer, eine Suite und ein Cottage für Selbstversorger zur Wahl, um die Aussicht auf die Walker Bay zu genießen. Dazu dient auch der Wintergarten, die Terrasse und ein Sitzpool.

The Marine Hermanus

Karte U5 ■ Marine Drive, Hermanus ■ +27 28 313 1000 ■ www.themarine hotel.co.za ■ RRR
Die beste Adresse in Hermanus bietet Zimmer und Suiten, eine Veranda, von der aus man Wale beobachten kann, Pool, Gezeitenbecken, ein Spa und das Restaurant Origins bei The Marine *(siehe S. 105)*.

Robertson Small Hotel

Karte V4 ■ 58 Van Reenen St, Robertson ■ +27 23 626 7200 ■ www.the robertsonsmallhotel.com ■ RRR
Das prächtige viktorianische Gebäude bietet die wohl beste Unterkunft der Stadt und ein gutes Restaurant. Das Tal voller Weinberge und Olivenhaine ist beliebtes Wochenendziel der Kapstädter.

Hostels

Ashanti Lodge

Karte P6 ■ 11 Hof St, Gardens ■ +27 21 423 8721 ■ kein Frühstück ■ www.ashanti.co.za ■ R
Das Hostel vereint edles Dekor mit entspannter Partyatmosphäre. Eine Bar serviert Essen und Drinks, eine große Terrasse bietet tollen Blick auf den Tafelberg.

Hermanus Backpackers

Karte U5 ■ 26 Flower St, Hermanus ■ +27 28 312 4293 ■ www.hermanus backpackers.com ■ R
Die Unterkünfte reichen vom Schlafsaal bis zum eigenen Cottage, die gebotenen Aktivitäten vom Käfigtauchen mit Haien über Klippenwanderungen und Walbeobachtungen bis zu Weinproben.

Long Street Backpackers

Karte P5 ■ 209 Long St ■ +27 21 423 0615 ■ kein Frühstück ■ www.long streetbackpackers.com ■ R
Vom ältesten und wohl auch besten Hostel an der Long Street ist es gar nicht weit zu den angesagten Clubs. Wer gern mitten im urbanen Geschehen wohnt, ist hier gut untergebracht.

Otter's Bend Lodge

Karte F2 ■ Dassenberg Road, Franschhoek ■ +27 21 876 3200 ■ kein Frühstück ■ www.ottersbend lodge.co.za ■ R
Die preiswerte Unterkunft füllt eine Lücke im Angebot von Franschhoek. Zur Auswahl stehen Mehrbett- und Doppelzimmer mit und ohne Bad in verschiedenen Hütten. Für Gäste werden diverse Outdoor-Aktivitäten organisiert.

Sea Shack

Karte S2 ■ Cape Columbine Nature Reserve, Paternoster ■ +27 79 820 6824 ■ kein Frühstück ■ www.seashack.co.za ■ R Outdoor-Enthusiasten lieben die Unterkunft in schlichten Holzhütten und Zelten. Hier gibt es kein Stromnetz, nur Gas und Solarenergie. Zu den möglichen Aktivitäten zählen Kajakfahren, Reiten, Schnorcheln, Bootsausflüge, Strandspaziergänge und Wanderungen durch das schöne Naturreservat.

St John's Waterfront Lodge

Karte P2 ■ 6 Braemar Rd, Green Point ■ +27 21 439 1404 ■ kein Frühstück ■ R
Das einladende und gut geführte Hostel in Green Point bietet preiswerte Unterkunft – Schlafsäle und Zimmer – in Gehentfernung zur V&A Waterfront (von nächtlichen Spaziergängen ist abzuraten) und nur eine kurze Busfahrt vom Zentrum entfernt.

Stumble Inn

Karte D2 ■ 12 Market St, Stellenbosch ■ +27 21 887 4049 ■ kein Frühstück ■ R
Das Gästehaus nahe der historischen Dorp Street ist eine gute Basis für die Erkundung von Stellenboschs Zentrum. Es gibt hier auch einen Pool und eine TV-Lounge.

Villa Viva

Karte N5 ■ 74 New Church St, Tamboerskloof ■ +27 21 423 4530 ■ kein Frühstück ■ www.villaviva-capetown.com ■ R
Eines der ältesten Hostels in Südafrika bietet neben den üblichen Mehrbettzimmern auch luxuriösere Unterkünfte mit eigenem Bad. Im hauseigenen Reisecenter hilft man bei der Organisation von Ausflügen.

Preiskategorien siehe S. 114

Textregister

Bildnachweis & Impressum

Autor

Philip Briggs wurde in Großbritannien geboren und wuchs in Johannesburg auf. Er ist Autor zahlreicher Reiseführer über Afrika und liefert regelmäßig Beiträge für Magazine wie *Travel Africa*, *Africa Geographic*, *Wanderlust* und *BBC Wildlife*.

DK London
(aktualisierte Neuauflage)

Lektorat
Georgina Dee, Alison McGill, Elspeth Beidas, Dipika Dasgupta, Anuroop Sanwalia, Ilina Choudhary, Halima Mohammed, Beverly Smart, Shikha Kulkarni, Hollie Teague

Gestaltung und Bildredaktion
Maxine Pedliham, Priyanka Thakur, Stuti Tiwari, Divyanshi Shreyaskar, Vagisha Pushp, Taiyaba Khatoon, Rohit Rojal,

Umschlaggestaltung
Jordan Lambley

Fotografien
Tony Souter

Kartografie
Suresh Kumar, Ashif

Herstellung
Jason Little, Samantha Cross

Weitere Mitarbeit
Tebogo Pin-Pin

DK dankt folgenden Personen für ihre Beiträge zu den früheren Ausgaben: Clare Peel, Helen Peters, Lizzie Williams

Bildnachweis

l = links, r = rechts, o = oben, u = unten, m = Mitte

DK dankt den folgenden Personen, Institutionen und Bildarchiven für die Erlaubnis, ihre Fotos zu reproduzieren:

123RF.com Patrick Burn LPSSA 62m, Grobler du Preez 47ur, Leonardo Spencer 51ol.

Alamy Stock Photo ASK Images 67or, Burhan Ay 14–15, BTEU / RKM 40u, Pocholo Calapre 86/87, Harry Eggens 11ol, epa european pressphoto agency b.v. 44or, Greg Balfour Evans 21mru, 35ur, Tony French 4o, joan gravell 34ml, Greatstock 17mru, Hemis 18/19, 19om, 103ml, hemis.fr/René Mattes 57o, imageBROKER 2or, 38/39, INTERFOTO 3ol, 4ml, 64/65, Wendy Johnson 88ul, Frans Lemmens 52ol, Angus McComiskey 11mru, Eric Nathan 13mr, 28/29, 34/35, 63ml, National Geographic Creative 16ul, Blaize Pascall 56mlu, Juergen Ritterbach 6ml, Rosa IreneBetancourt 8 42o, willie sator 36o, Peter Schickert 4mlo, Erik Schlogl 4mr, M. Sobreira 15mru, 59ml, 77mr, Antony Souter 10mlo, 18mlo, 18ur, 21m, 29mru, 31ol, Peter Titmuss 14ml, 26ml, Ann & Steve Toon 102o, travelstock44 4mlu, Ariadne Van Zandbergen 35om, 42ul, 43or, 102mlu.

AWL Images Aurora Photos 54/55, Danita Delimont Stock 22ml, 86mr, Michele Falzone 10m, 91o, Ian Trower 70mru.

Babel at Babylonstoren 98mu.

Bascule Whisky & Wine Bar 73o.

Bistro Sixteen82 81mro.

Blue Train Park 56ur.

Boschendal 92mlu.

Burgundy Restaurant 105mr.

Dreamstime.com Agaliza 50mr, Andrew Allport 23ol, Mauro Barbolini 78ol, Bennymarty 69ml, Vanessa Bentley 85ur, Neil Bradfield 31mr, Bradleyvdw 32/33, Pocholo Calapre 46u, 68u, Lenise Calleja 49mro, Cncphotographylee 55ol, Richard Cooksey 17ol, Neal Cooper 84mlo, Deepthought-Imagery 74o, Delstudio 48o, Ecophoto 26/27, Maria Luisa Lopez Estivill 44mlu, 80o, 100ol, Grosremy 55ur, Mitchell Gunn 54mlo, Jaysi 33mr, Leonardospencer 43ml, Danil Lugovoi 30/31, Maurizio De Mattei 33ur, Guilherme Gomes De Mesquita 16/17m, Micoppiens 59ur, Alexander Mychko 59or, Photogallet 101mr, Photosky 10/11, 50u, Marek Poplawski 85o, Grobler Du Preez 10ul, 12/13, 13ur, 20ul, 24–25, 26ul, 30ul, 33ol, 75u, 92ur, 101u, Luca Roggero 45u, Dmitrii Sakharov 71ol, Himanshu Saraf 11mr, Sculpies 22/23, Sohadiszno 86ol, David Steele 11mro, 79u, Toscawhi 52u, Michael Turner 51ur, Andrea Willmore 66mo, Wirestock 60u, Kostiantyn Zloschastiev 90mlo, 93ol, 104or.

Franschhoek Motor Museum 36m.

Getty Images Peter Adams 4mru, Shaen Adey 14ur, 29ol, Denny Allen 10mlu, Stephen Alvarez 23ml, Heinrich van den Berg 40m, Bloomberg 28mlu, Peter Chadwick 16ml, Danita Delimont 30mru, Nigel Dennis 46ol, Ulrich Doering 47ml, Education Images 20/21, 61or, Thierry Falise 71mru, Gallo Images 63or, Blaine Harrington III 7ur, 11ur, Mark Harris 34ur, Jon Hicks 4u, Samir Hussein 41or, Alexander Joe 41ml, John Lamb 80ur, Mark Meredith 53or, Neil Overy 104u, Rhapsode 29m, Merten Snijders 61ml, 67ur, 68mlo, 70ul, Ruby Soho 37or, Tier- und Naturfotografie J. und C. Sohns 32mr, The Times/Shelley Christians 91ur, Richard du Toit 79or, David Wall Photo 72mo, Ariadne Van Zandbergen 12ul.

The Gold Restaurant 58ur.

Grande Provence Restaurant 99mr.

Harbour House 76ur, 89mlu.

iStockphoto.com Agnieszka Gaul 3or, 82/83, 106/107, E+ / spooh 1, Jan-Otto 49u, shumski 2ol, 8/9.

Karoo Classics 94mlu.

Kirstenbosch National Botanical Garden 27mru, *Bringing Condolences* von Norbert Shamyarira 27om.

La Motte 37ml, 96ol.

Meerlust 97mru.

Oranjezicht City Farm Coco van Oppens 60ol.

La Parada 77um.

La Petite Colombe Claire Gunn 58o.

Quagga Rare Books & Art 88or.

Rex Shutterstock Gallo Images 62u.

Root 44 Market 94mo.

Sevruga 76ol.

Shutterstock Peter Titmuss 21ol.

Spier 57mr, 61ur.

Tokara 95u, 98mlo.

Woodstock Exchange 71mru.

Umschlag
Vorderseite & Buchrücken:
iStockphoto.com Ben1183

Rückseite:
4**Corners:** Justin Foulkes or; **AWL Images:** Michele Falzone mru; **Dreamstime.com:** Agaliza ul, **iStockphoto.com:** Hongqi Zhang mlo.

Extrakarte
iStockphoto.com Ben1183

Alle anderen Bilder © Dorling Kindersley

Titel der englischen Originalausgabe
DK Eyewitness TOP10 Cape Town and the Winelands

© Dorling Kindersley Limited, London, 2008, 2023
Ein Unternehmen der
Penguin Random House Group
Alle Rechte vorbehalten

Text © Philip Briggs

© der deutschsprachigen Ausgabe by Dorling Kindersley Verlag GmbH, München, 2010, 2023
Ein Unternehmen der
Penguin Random House Group
Alle deutschsprachigen Rechte vorbehalten

Aktualisierte Neuauflage 2023/2024

Verlagsleitung Monika Schlitzer
Programmleitung Heike Faßbender
Redaktionsleitung Stefanie Franz
Projektbetreuung Theresa Fleichaus
Herstellungskoordination Antonia Wiesmeier

Covergestaltung Roman Bold & Black, Köln

Übersetzung Birgit Walter, Augsburg
Redaktion Gerhard Bruschke, München
Schlussredaktion Philip Anton, Köln

Satz & Produktion DK Verlag
Druck Vivar Printing, Malaysia

MIX
Papier | Fördert gute Waldnutzung
FSC® C018179
www.fsc.org

ISBN 978-3-7342-0753-2
4 5 6 7 8   27 26 25 24 23

Straßen- & Ortsverzeichnis